Petit Guide

Pratique

A L'USAGE

DES INSTITUTEURS & DES INSTITUTRICES

PAR

Eugène PICARD

Commis à l'Inspection académique de Chaumont.

CHAUMONT

Imprimerie Typographique et Lithographique Cavaniol.

1904

Petit Guide — — Pratique

A L'USAGE

DES INSTITUTEURS & DES INSTITUTRICES

PAR

Eugène PICARD

Commis à l'Inspection académique de Chaumont.

CHAUMONT

Imprimerie Typographique et Lithographique Cavaniol.

—

1904

AUX MEMBRES DE L'ENSEIGNEMENT PRIMAIRE PUBLIC

Ce « *Petit Guide* » est uniquement réservé aux instituteurs et institutrices. Son titre indique avec précision le but que j'ai poursuivi et me dispense de to justification.

Toutefois, je considère comme un devoir d'adresser ici mes remerciements à tous les maîtres et à toutes les maîtresses qui ont bien voulu, dès la première heure, s'intéresser à cette modeste publication. Certains trouveront que cet ouvrage est incomplet. Il est de toute évidence, en effet, que les questions qui y sont traitées sont peu nombreuses, surtout si l'on considère l'étendue de la législation concernant l'enseignement primaire. Les sujets abordés ne sont même pas toujours épuisés. Mais, à mon sens, l'important était de choisir et de retenir seulement ce qui revêt un caractère d'utilité pratique. Je crois avoir atteint le but entrevu; si mes lecteurs en jugent autrement, je leur saurai gré de me faire connaître leurs observations, leurs critiques et leurs *desiderata*. Ce sera pour moi une indication précieuse, qui me permettra de faire mieux à l'avenir.

PETIT GUIDE PRATIQUE

A L'USAGE

DES INSTITUTEURS ET DES INSTITUTRICES

CERTIFICAT D'ÉTUDES PRIMAIRES

Le certificat d'études primaires, institué par l'article 6 de la loi du 28 mars 1882, est décerné après un examen public. Il est le couronnement des études faites dans les écoles primaires élémentaires.

Age des candidats. — Les enfants doivent avoir au moins onze ans à l'époque de l'examen (Loi du 28 mars 1882, art. 6 ; — Décret du 27 juillet 1882, art. 2). Toutefois, une décision ministérielle intervenue en 1889 autorise à prendre part à l'examen les candidats qui auront 11 ans révolus à la fin de l'année scolaire, c'est-à-dire le 30 septembre au plus tard.

Inscription des candidats. — Aux termes de l'art. 255 de l'arrêté du 18 janvier 1887, chaque instituteur doit dresser, pour son école, l'état des candidats au certificat d'études.

Cet état, adressé à l'Inspecteur primaire, dans les délais prescrits par l'Inspecteur d'Académie, porte les nom et prénoms ; la date et le lieu de naissance ; la demeure de la famille et la signature de chaque candidat.

Les pères de famille dont les enfants ne suivent aucune école fourniront au maire les mêmes indications.

La liste, visée et certifiée par le maire, est transmise, en temps opportun, à l'Inspecteur primaire.

Epreuves écrites. — Par application de l'arrêté du 8 août 1903, modifiant les art. 256 et 257 de l'arrêté du 18 janvier 1887, des questions suivront désormais la dictée, qui comporte « 15 lignes au plus. Le point final de chaque phrase est dicté.

« La dictée peut servir d'épreuve d'écriture courante.

« Elle est suivie de *questions* (cinq au maximum) relatives
« à l'intelligence du texte (explication du sens d'un mot, d'une
« expression ou d'une phrase, analyse d'un mot ou de plu-
« sieurs mots, etc.).

« Le texte est lu préalablement à haute voix, dicté, puis
« relu, et vingt minutes sont accordées aux candidats pour
« revoir leurs copies et répondre aux questions. L'orthogra-
« phe du texte dicté et les réponses aux questions posées ne
« constituent qu'une seule épreuve. Les deux notes partielles
« s'additionnent et l'épreuve n'est éliminatoire que si le total
« des deux notes est égal à zéro ; toutefois, la Commission
« peut exceptionnellement, et après délibération, prononcer
« l'élimination définitive d'un candidat qui aurait fait dans la
« dictée un trop grand nombre de fautes, même s'il a obtenu
« des points pour ses réponses aux questions. »

Les épreuves écrites comprennent en outre (art. 256 de l'arrêté du 18 janvier 1887, modifié le 8 août 1903) :

1° Deux questions d'arithmétique portant sur les applica-
tions du calcul et du système métrique avec solution raisonnée ;

2° Une rédaction d'un genre simple portant, suivant un
choix à faire par l'Inspecteur d'Académie, sur l'un des trois
ordres de sujets ci-dessous :

a) Instruction morale ou civique ;

b) L'histoire et la géographie ;

c) Notions élémentaires des sciences avec leurs applica-
tions.

Il est ajouté :

1° Pour les garçons, une quatrième épreuve écrite comptant
seulement pour l'admission définitive et comprenant, pour les
écoles rurales, une ou plusieurs questions choisies dans le
programme d'agriculture du cours moyen, et pour les écoles
urbaines, un exercice très simple de dessin linéaire ou d'or-
nement tiré du programme du cours moyen ;

2° Pour les jeunes filles, un travail de couture usuelle sous
la surveillance d'une dame désignée à cet effet.

Epreuves orales. — Les épreuves orales sont publiques.
Elles comprennent :

Une lecture expliquée, accompagnée de la récitation d'un
morceau choisi sur une liste présentée par le candidat ;

Des questions d'histoire et de géographie. (Art. 258 de l'arrêté du 18 janvier 1887.)

Instructions particulières. — Les instructions ci-après sont extraites du *Bulletin* départemental de la Haute-Marne, n° 255 de mai 1900 :

« Les instituteurs dressent l'état nominatif des candidats et le font parvenir, en *double expédition, quinze jours avant l'examen*, à M. l'Inspecteur primaire de leur circonscription.

« Aucun candidat ne sera admis à concourir si le *bulletin de naissance* n'a pas été annexé à l'état nominatif.

« La liste des morceaux choisis que présentera à la commission chaque candidat admis à subir lss épreuves orales, devra comprendre au moins six morceaux. Le nombre de lignes de chacun ne pourra être inférieur à quinze.

« Le candidat qui aura subi l'épreuve obligatoire de dessin ou d'agriculture pourra, dans la même session ou à une session ultérieure, se présenter pour l'autre épreuve considérée comme facultative.

« Les candidats devront se munir, pour faire leurs compositions écrites, de papier de format uniforme (papier écolier de 0ᵐ32 $\times$ 0ᵐ21). »

Avantages que confère le certificat d'études. — Tout élève muni du certificat d'études peut quitter l'école avant l'âge de 13 ans ; s'il désire continuer ses études, il peut suivre le cours supérieur d'une école élémentaire, entrer dans un cours complémentaire ou dans une école primaire supérieure ; il peut concourir pour une bourse d'enseignement primaire supérieur ; il peut enfin, avant l'âge de 13 ans, entrer dans une école manuelle d'apprentissage. (Loi du 28 mars 1882, art. 6 ; Arrêté et Décret du 18 janvier 1887.)

BOURSES D'ENSEIGNEMENT PRIMAIRE SUPÉRIEUR

A. — Inscription des candidats.

(Art. 41, 44 et 45 de l'arrêté du 18 janvier 1887).

Délai d'inscription. — Les candidats aux bourses doivent se faire inscrire dans les bureaux de l'Inspection académique *avant le 1ᵉʳ avril*, le registre des inscriptions étant clos le 31 mars.

Pièces à produire. — Chaque candidat doit produire :

1° une demande d'inscription sur timbre à 0 fr. 60 (légalisée par le Maire de la commune) ;

2° un extrait de son acte de naissance, sur timbre et légalisé ;

3° son certificat d'études ;

4° un *certificat* de vaccine et un *certificat de revaccination* (ce certificat doit mentionner la *date* de la revaccination) ;

5° un certificat de bonne conduite délivré par le chef de l'établissement où il a fait ses études ;

6° une demande de concession de bourse, établie sur timbre à 0 fr. 60 et signée par le père ou le tuteur. (Il convient de *motiver* cette demande et d'indiquer la nature de la bourse sollicitée : internat, entretien, familiale) ;

7° un *extrait du rôle* des contributions payées par la famille. (Ne pas confondre cette pièce avec l'avertissement) ;

8° un état nominatif des frères et sœurs du candidat, indiquant le sexe, l'âge et la profession de chacun d'eux. Cet état doit être certifié exact par le maire de la commune ;

9° un état détaillé des services sur lesquels la demande de bourse est basée. Cet état donnera très exactement la nature et la durée des services rendus et sera *certifié exact* par l'autorité compétente ;

10° un certificat de l'Inspecteur primaire attestant que l'élève a suivi ou suit le cours supérieur d'une école primaire. (Ce certificat n'est obligatoire que pour les candidats appartenant à une école où le cours supérieur existe) ;

11° un tableau de renseignements conforme au modèle en usage pour les bourses d'enseignement secondaire. (*V. Bourses des lycées.*) Ce tableau est exigé dans la Haute-Marne.

Age des candidats. — Ils doivent avoir 12 ans *révolus* et *moins* de 15 ans au 1er octobre de l'année durant laquelle a lieu l'examen.

Dispense d'âge. — Aucune dispense d'âge ne peut être accordée.

Nota. — Le candidat qui n'est pas encore pourvu du certificat d'études, est admis *conditionnellement* à prendre part à l'examen ; en cas de succès, ses titres à l'obtention d'une bourse ne sont examinés que s'il réussit aux examens du certificat d'études primaires.

B. — Examen.

Aux termes des articles 47 et 48 de l'arrêté du 18 janvier 1887, modifiés par l'arrêté du 8 août 1903, les épreuves écrites et les épreuves orales sont réparties comme suit :

Art. 47. — « Epreuves écrites :

1° Dictée d'orthographe, suivie de questions ;

2° Ecriture (la dictée servira pour cette épreuve) ;

3° Composition d'arithmétique ;

4° Composition française.

« Epreuves orales :

1° Lecture expliquée, avec interrogations sur la grammaire et analyse d'une phrase ;

2° Interrogations sur l'arithmétique et le système métrique ;

3° Interrogations sur l'histoire et la géographie de la France ;

4° Interrogations sur l'instruction morale et civique ;

5° Interrogations sur les éléments des sciences physiques et naturelles.

« Les questions devront porter sur les matières enseignées « dans le cours supérieur des écoles élémentaires. »

Art. 48. — « La dictée d'orthographe comprend environ vingt « lignes. Elle est lue à haute voix, dictée lentement et relue.

« La ponctuation n'est pas dictée.

« Les questions (cinq au maximum) sont relatives à l'in- « telligence du texte (explication du sens d'un mot, d'une « expression ou d'une phrase, analyse d'un ou de plusieurs « mots, etc.).

« Il est accordé aux candidats une demi-heure pour relire « la dictée et répondre aux questions.

« La composition d'arithmétique comprend une question de « théorie et un problème sur les matières du programme du « cours supérieur des écoles primaires.

« La composition française a pour objet un récit ou une « lettre d'un genre simple, l'explication d'un proverbe ou « d'une pensée morale, ou le développement d'une question « d'instruction morale et civique.

« Il est accordé aux candidats deux heures pour chacune « des épreuves d'arithmétique et de composition française. »

C. — Attribution des bourses.

Les bourses sont fondées et entretenues par l'Etat, le département ou la commune. Elles sont donc nationales, départementales ou communales.

L'admission au concours confère-t-elle au candidat un droit absolu à l'obtention d'une bourse ? L'article 48 du décret du 18 janvier 1887 répond à cette question. Il est tenu compte pour la concession d'une bourse :

a) du mérite de l'enfant et de ses notes d'examen ;

b) des services rendus à l'Etat par les parents ;

c) de la situation de fortune, du nombre des enfants et des charges de famille des pétitionnaires.

La concession des bourses est encore subordonnée : 1° à l'importance du crédit mis annuellement par le Ministre à la disposition du Préfet et 2° au nombre des vacances qui se produisent parmi les titulaires de bourse.

Nature des bourses. — Elles sont de trois sortes : 1° bourses d'internat de 500 francs ; 2° bourses d'entretien variant de 100 à 400 francs ; 3° bourses familiales de 500 francs.

Elles peuvent être accordées par fractions de moitié ou de trois quarts. Elles sont attribuées pour trois années scolaires ; toutefois les boursiers peuvent obtenir une prolongation de bourse d'une année.

Cumul. — Une fraction de bourse nationale peut se cumuler avec une fraction de bourse départementale ou communale, mais seulement jusqu'à concurrence d'une bourse entière. (Art. 49, décret du 18 janvier 1887.)

Dégrèvements de trousseau. — Le trousseau étant à la charge des candidats, des dégrèvements sont accordés à ceux dont les familles justifient ne pouvoir pas en supporter les frais. La subvention allouée par l'Etat ne peut, la première année, être supérieure à 300 francs, et à 100 francs les années suivantes. Aucun dégrèvement n'est accordé aux *boursiers d'entretien*. (Art. 58, arrêté du 18 janvier 1887.)

Remises de fournitures classiques. — Des subventions n'excédant pas 25 francs peuvent être accordées aux boursiers, à titre de remise de fournitures classiques.

CERTIFICAT D'ÉTUDES PRIMAIRES SUPÉRIEURES

Arrêtés du 18 janvier 1887, art. 242 à 253 ; — du 17 septembre 1898 —
et du 9 décembre 1901.

Age des candidats. — Ils doivent avoir quinze ans révolus au 31 décembre de l'année durant laquelle ils se présentent. (Arrêté du 18 janvier 1887, art. 243 modifié par l'arrêté du 9 décembre 1901.)

Dispense d'âge. — Il n'est accordé aucune dispense d'âge. (Même article précité.)

Pièces à produire. — Quinze jours au moins avant l'examen, les candidats se font inscrire dans les bureaux de l'Inspection académique. Ils adressent :

1° Une demande d'inscription sur timbre à 0 fr. 60 ;
2° Un extrait de leur acte de naissance, sur timbre et légalisé ;
3° Leur certificat d'études primaires ;
4° S'il y a lieu, leur livret de scolarité.

Dans leur demande d'inscription, les candidats sont tenus d'indiquer la section d'enseignement à laquelle ils appartiennent. Ceux de la section générale et ceux de la section commerciale font connaître, en outre, sur quelle langue vivante ils désirent être interrogés. Les candidats de la section générale et ceux de la section industrielle indiquent sur quel exercice de travail manuel (bois ou fer) ils veulent être examinés.

Epreuves écrites. — Quatre compositions (morale, composition française, sciences, dessin à main levée) sont communes aux diverses sections. Il existe en outre une épreuve spéciale à chaque section. Pour être déclarés admissibles, les candidats doivent réunir un minimum de 40 points pour les quatre épreuves communes et un minimum de 10 points pour l'épreuve spéciale.

Epreuves orales. — Elles ne peuvent excéder la durée d'une heure pour chaque candidat. Dans chacune des sections, les interrogations portent sur quatre matières différentes.

Un minimum de 40 points est nécessaire pour être admis à subir les épreuves pratiques.

Epreuves pratiques. — Leur durée totale ne peut excéder quatre heures. Les exercices demandés aux candidats varient avec la section.

La moyenne des points est exigée pour cette épreuve.

Epreuves de chant et de gymnastique. — Elles peuvent être compensées par les autres épreuves.

Admissibilité. — Aux termes de l'article 252 de l'arrêté du 18 janvier 1887, modifié le 9 décembre 1901, les candidats qui échouent aux épreuves orales ou aux épreuves pratiques conservent, à la session suivante, le bénéfice de l'admissibilité prononcée à la suite des épreuves écrites.

Livret de scolarité. — La Commission d'examen prend connaissance du livret de scolarité que les candidats sont autorisés à déposer et en tient compte pour prononcer leur admissibilité ou leur admission définitive.

Avantages. — La possession du certificat d'études primaires supérieures dispense de la condition d'âge pour le brevet élémentaire (Art. 107, décret du 18 janvier 1887) et pour le concours d'admission à l'Ecole normale.

Deuxième session. — L'arrêté du 15 décembre 1903 modifiant l'article 242 de l'arrêté du 18 janvier 1887 stipule qu'une deuxième session d'examen, réservée *uniquement aux candidats éliminés en juillet*, aura lieu au mois d'octobre de chaque année.

CONCOURS D'ADMISSION AUX ÉCOLES NORMALES

(Décret du 18 janvier 1887, art. 70 et 71. —
Arrêté du 18 janvier 1887, art. 87.)

Conditions d'inscription. — Tout candidat aux Ecoles normales doit :

1° Avoir 16 ans au moins, 18 ans au plus au 1er octobre de l'année durant laquelle il se présente ;

2° Etre pourvu du brevet élémentaire ;

3° S'être engagé à servir pendant dix ans dans l'enseigne-ment public ;

4° N'être atteint d'aucune infirmité ou maladie le rendant impropre au service de l'enseignement.

Dispenses d'âge. — Des dispenses d'âge peuvent être accordées par le Recteur, pourvu qu'elles ne dépassent pas une durée de 6 mois.

Par mesure exceptionnelle, M. le Ministre, depuis plusieurs années, autorise à prendre part au concours les candidats qui, ayant plus de 18 ans, ont besoin d'une dispense d'âge excédant 6 mois, à la condition toutefois que ces candidats aient déjà concouru.

Les demandes de dispense sont établies sur timbre à 0 fr. 60.

Les candidats pourvus du certificat d'études primaires supérieures peuvent se faire inscrire lors même qu'ils n'auraient pas 16 ans au 1er octobre.

D'après l'article 71 du décret précité, « nul ne peut se présenter au concours plus de deux fois, à moins d'une autorisation spéciale accordée par le Recteur ».

Formalités d'inscription. — Le registre d'inscription est ouvert au secrétariat de l'Inspection académique du 1er mars au 30 avril.

Tout candidat doit produire :

1° Une demande d'inscription, sur papier timbré à 0 fr. 60, portant indication de l'école ou des écoles qu'il a fréquentées depuis l'âge de douze ans ;

2° Son acte de naissance sur timbre à 1 fr. 80 et légalisé par le Président du Tribunal civil de l'arrondissement ou par le Juge de paix du canton ;

3° Son brevet élémentaire de capacité. (Les candidats non pourvus du brevet sont inscrits provisoirement ; mais, en cas de succès au concours, ils n'obtiennent une nomination définitive d'élève-maître qu'autant qu'ils sont jugés dignes de ce diplôme à l'une des sessions de juillet ou d'octobre) ;

4° L'engagement de servir pendant dix ans dans l'enseigne-ment public.

Cette pièce doit être accompagnée d'une déclaration par laquelle le père ou le tuteur du candidat l'autorise à contracter cet engagement et s'engage lui-même à rembourser les frais d'études de son fils ou pupille, dans le cas où celui-ci quitterait volontairement l'école ou en serait exclu, comme dans le cas où il renoncerait aux fonctions d'enseignement avant la réalisation de son engagement.

L'engagement décennal, la déclaration du père ou du tuteur doivent être établis sur papier timbré à 0 fr. 60. La déclaration peut être rédigée sur la même feuille que l'engagement.

5° un certificat de revaccination, mentionnant la *date* de la revaccination. (Cette pièce est exigée dans la Haute-Marne.)

Examen. — Une modification portant sur la dictée a été introduite dans les épreuves écrites par l'arrêté du 8 août 1903.

Ces épreuves comprennent « une dictée d'orthographe de « 20 lignes environ ; le texte, lu d'abord à haute voix, est ensuite « dicté posément, puis relu ; la ponctuation n'est pas dictée.

« La dictée est suivie de *questions* (cinq au maximum) rela-« tives à l'intelligence du texte (explication du sens d'un mot, « d'une expression ou d'une phrase, analyse d'un ou de plu-« sieurs mots. etc.).

« Il est accordé aux candidats une demi-heure au plus pour « relire la dictée et répondre aux questions ».

Outre la dictée, les épreuves de la première série comprennent quatre autres compositions, savoir :

1° Une épreuve d'écriture comprenant une ligne en grosse bâtarde, une ligne en grosse ronde et, en cursive, deux lignes en gros, deux en moyen et quatre en fin.

Il est accordé trois quarts d'heure pour cette épreuve.

Il est tenu compte, en outre, pour le jugement de cette épreuve, de la valeur de l'écriture expédiée dans la composition d'orthographe ;

2° Un exercice de composition française consistant en un récit ou une lettre d'un genre simple, l'explication d'un précepte de morale ou d'éducation, d'un proverbe, d'une maxime ou une question d'instruction morale et civique ;

3° Une composition d'arithmétique comprenant, outre la solution d'un ou de deux problèmes, l'explication raisonnée d'une règle.

Deux heures sont accordées pour chacune des épreuves de composition française et d'arithmétique ;

4° Une composition de dessin consistant en un exercice de dessin à vue d'un genre facile.

Il est accordé une heure et demie pour cette épreuve.

Les candidats admis à subir les épreuves de la deuxième série sont interrogés sur la langue française, l'arithmétique, le système métrique, l'histoire, la géographie et les sciences. Les autres épreuves consistent dans : les résumés de deux leçons, l'une littéraire, l'autre scientifique ; un examen sur le chant et la musique ; des exercices de gymnastique ; et pour les aspirantes, des travaux de couture.

Modèle de l'engagement décennal a souscrire par les candidats a l'école normale.

Je, soussigné (nom et prénoms dans l'ordre où ils figurent sur l'acte de naissance), né à   , département d   , le (en toutes lettres)   , aspirant à l'école normale primaire d'institut   de Chaumont, déclare m'engager, conformément aux dispositions de l'art. 70, § 3, du décret du 18 janvier 1887, à servir pendant dix ans dans l'enseignement public.

Je m'engage en outre à rembourser les frais de mes études dans le cas où je quitterais volontairement l'école normale ou en serais exclu, comme dans le cas où je renoncerais aux fonctions d'enseignement avant la réalisation de mon engagement.

Fait à   , le   190 .

(Signature)

Vu pour la légalisation de la signature de M.

A   , le   190 .
(Cachet de la mairie).   *Le Maire,*

Modèle de l'autorisation du père ou du tuteur

Je, soussigné (nom, prénoms et *qualité* du père ou du tuteur), demeurant à   , département d   , autorise par les présentes (nom et prénoms du candidat) mon fils (ou mon pupille), à contracter, conformément aux dispositions de l'art. 70 § 3 du décret du 18 janvier 1887, l'engagement de servir pendant dix ans dans l'enseignement public. Je m'engage, en outre, à rembourser moi-même les frais d'études de mon fils (ou pupille) dans le cas où il quitterait volontairement l'école normale ou en serait exclu, comme dans le cas où il renoncerait aux fonctions d'enseignement avant la réalisation de cet engagement.

Fait à   , le   190 .

(Signature)

Vu pour la légalisation de la signature de M.

A   , le   190 .
(Cachet de la mairie).   *Le Maire,*

Obligations de l'élève-maître. — Tout candidat admis définitivement comme élève dans une école normale contracte, du fait même de son passage dans cet établissement, des obligations auxquelles il ne peut se soustraire. Les dépenses d'entretien qu'il occasionne étant à la charge de l'Etat, celui ci exige en retour que l'élève, à sa sortie de l'école, se consacre à l'enseignement public pendant une période d'au moins 10 ans.

Si donc, l'élève-maître quitte l'école ou s'il en est exclu, ou si, devenu instituteur, il rompt son engagement décennal, il est tenu de restituer le prix de la pension dont il a joui. La somme dont il est redevable comprend : 1° les frais de nourriture ; 2° les frais de blanchissage ; 3° le prix des fournitures classiques. (Décret du 18 janvier 1887, art. 78.)

L'engagement décennal souscrit par le candidat au moment des examens ne court qu'à partir du jour où il exerce *effectivement* les fonctions d'instituteur. Le temps passé à l'école normale à partir de 18 ans pour les instituteurs et de 17 ans pour les institutrices, n'entre plus, en effet, en ligne de compte dans la réalisation de l'engagement décennal, la loi du 19 juillet 1889 et l'instruction ministérielle du 30 décembre 1890 ayant modifié, sur ce point, l'art. 23 de la loi du 30 octobre 1886 et l'art. 60 du décret du 18 janvier 1887. (Circulaire du 21 juin 1901.)

BREVET ÉLÉMENTAIRE

(Décret du 18 janvier 1887, art. 107 modifié le 15 janvier 1894).

Inscription des candidats. — Les candidats se font inscrire dans les bureaux de l'Inspection académique. Ils adressent à cet effet, 15 jours au moins avant la date de l'examen:

1° Une demande d'inscription rédigée sur papier timbré à 0 fr. 60 et légalisée par le Maire de la commune. Cette demande doit contenir la déclaration que le candidat ne s'est pas déjà présenté à Paris au cours de la même session;

2° Un extrait de l'acte de naissance, sur timbre et dûment légalisé.

3° S'il y a lieu, une demande de dispense d'âge, sur timbre à 0 fr. 60.

Age des candidats. — Ils doivent avoir 16 ans révolus au 1ᵉʳ octobre de l'année durant laquelle ils se présentent.

Dispenses d'âge. — Toutefois, des dispenses d'âge peuvent être accordées pourvu qu'elles ne dépassent pas une durée d'un an.

La dispense de moins de 6 mois est accordée par l'Inspecteur d'Académie ; celle de 6 mois à un an, par le Recteur.

Elle est de droit pour tout candidat qui est pourvu du certificat d'études primaires supérieures, quel que soit son âge.

Droit d'examen. — Les candidats sont soumis à un droit d'examen, fixé à 10 francs par l'article 3 de la loi de finances du 26 février 1887.

Le certificat d'inscription délivré par l'Inspecteur d'Académie doit être remis par les soins du candidat à l'un des percepteurs du *département dans lequel il subit l'examen.* Le candidat verse en même temps la somme de 10 francs. La quittance, qu'il reçoit du percepteur, est présentée le jour de l'examen au secrétaire de la commission (Décret du 12 mars 1887, art. 3).

Instructions particulières. — Dans la Haute-Marne, les candidats doivent se pourvoir de plumes pour bâtarde et pour ronde.

Pour l'épreuve de dessin, les aspirants et aspirantes devront se munir :

1° D'une feuille de papier in-8° grand-aigle (0ᵐ 27 sur 0ᵐ 32 environ). — Le papier devra être blanc, non quadrillé et de bonne qualité ;

2° D'un crayon nᵒ 3 ;

3° D'une gomme à effacer ;

4° D'un canif ;

5° D'un mètre pliant, divisé, dit mètre de charpentier, pour prendre des mesures. Pour les aspirantes ce mètre est inutile.

« Ils devront en outre apporter un carton ou une planchette afin de pouvoir dessiner sur leurs genoux. » (Circulaire ministérielle du 29 mai 1886).

Les objets nécessaires à l'épreuve des travaux à l'aiguille devront être apportés par les aspirantes au brevet élémentaire.

L'étoffe leur sera fournie.

Épreuves de la première série. — L'arrêté du 9 décembre 1901 modifie ainsi qu'il suit l'article 146 des arrêtés des 18 janvier 1887 et 20 janvier 1897 :

« *Art. 146.* — Épreuves de la première série. Les épreuves de la première série pour l'examen des aspirants et des aspirantes au brevet élémentaire sont au nombre de trois, savoir :

« 1° Une dictée d'orthographe d'une page environ, choisie dans nos meilleurs auteurs ; le texte, lu d'abord à haute voix, est ensuite dicté posément, puis relu. La ponctuation n'est pas dictée.

« Des questions (cinq au maximum) relatives à l'intelligence du texte (définition du sens d'un mot, d'une expression ou d'une phrase ; analyse d'un mot ou d'une proposition). Il est accordé une demi-heure aux candidats pour revoir la dictée et pour répondre par écrit aux questions posées.

« Chacune des deux parties de l'épreuve est cotée de 0 à 10 ;

« 2° Un exercice de composition française (lettre ou récit d'un genre très simple, explication d'un proverbe, d'une maxime, d'un précepte de morale ou d'éducation). Durée de l'épreuve : deux heures ;

« 3° Une question d'arithmétique et de système métrique et la solution raisonnée d'un problème comprenant l'application des quatre règles (nombres entiers, fractions, mesure des surfaces et des volumes simples). Durée de l'épreuve : deux heures. »

Épreuve de la deuxième série. — L'article 147 de l'arrêté du 18 janvier 1887, modifié le 20 janvier 1897, est ainsi conçu :

« Pour les épreuves de la deuxième série, les aspirants devront :

« 1° Faire une page d'écriture à main posée, comprenant une ligne en gros dans chacun des trois principaux genres (cursive, bâtarde et ronde), une ligne de cursive en moyen, quatre lignes de cursive en fin. — Durée de l'épreuve : trois quarts d'heure ;

« 2° Exécuter à main levée un croquis cote d'un objet usuel de forme très simple (plan, coupe, élévation). — Durée de l'épreuve : une heure et demie ;

« 3° Exécuter les exercices les plus élémentaires de gymnastique prévus par le programme des écoles primaires. — Durée de l'épreuve : dix minutes au maximum.

« Les aspirantes devront :

« 1° Faire une page d'écriture à main posée, comprenant une ligne en gros dans chacun des trois principaux genres (cursive, bâtarde et ronde), une ligne de cursive en moyen, quatre lignes de cursive en fin. — Durée de l'épreuve: trois quarts d'heure;

« 2° Exécuter un dessin au trait d'après un objet usuel. — Durée de l'épreuve: une heure;

« 3° Exécuter, sous la surveillance de dames désignées à cet effet par le Recteur, les travaux à l'aiguille prescrits par l'article 1" de la loi du 28 mars 1882. — Durée de l'épreuve: une heure. »

BREVET SUPÉRIEUR

(Décret du 18 janvier 1887, art. 107 modifié le 15 janvier 1894.
(Arrêté du 18 janvier 1887, art. 141, 142, 151, 152 et 153).

Age des candidats. — Les candidats doivent être âgés de dix-huit ans au moins au 1" octobre de l'année durant laquelle ils se présentent.

Dispense d'âge. — Des dispenses d'âge sont accordées par l'Inspecteur d'Académie quand elles n'excèdent pas six mois; celles de plus de six mois sont accordées par le Recteur.

Il n'est accordé aucune dispense supérieure à un an.

Inscription des candidats. — Tout candidat dépose les pièces suivantes qu'il adresse à l'Inspecteur d'Académie quinze jours au moins avant l'examen, savoir:

1° Une demande d'inscription, sur timbre à 0 fr. 60 et légalisée. Le candidat doit déclarer qu'il ne s'est pas présenté à Paris au cours de la même session ;

2° Un extrait de son acte de naissance, sur timbre et dûment légalisé ;

3° Son diplôme de brevet élémentaire ;

4° S'il y a lieu, son livret de scolarité.

L'inscription est conditionnelle si l'aspirant n'est pas encore pourvu du brevet élémentaire.

Droit d'examen. — Le droit d'examen est de 20 francs. (Loi de finances du 26 février 1887.)

Tout candidat, régulièrement inscrit, reçoit de l'Inspecteur d'Académie un certificat d'inscription. Il remet ce certificat à l'un des percepteurs *du département dans lequel il subit l'examen* ; il verse en même temps la somme de 20 francs. La quittance, que lui délivre le percepteur, doit être présentée le jour de l'examen au Secrétaire de la Commission.

Admissibilité. — Les candidats qui échouent à l'examen oral conservent, *à la session suivante,* le bénéfice de leur admissibilité. (Arrêté du 9 décembre 1901.)

L'arrêté du 9 décembre 1901 « n'impose, écrit M. le Ministre, « aucune obligation spéciale aux candidats admissibles, quant « au lieu où ils doivent subir les épreuves orales ; il convient « donc de laisser à ces candidats la faculté de se présenter « dans tout centre à leur choix. » (Lettre du 9 octobre 1902.)

Mais il est bien évident qu'il appartient aux aspirants de justifier de leur admissibilité au moment de leur inscription.

Avantages attachés à la possession du brevet supérieur. — Les instituteurs et les institutrices publics, pourvus du brevet supérieur, peuvent être :

a) délégués dans une école primaire supérieure (adjoints ou adjointes) ; traitement minimum : 1,200 francs ; indemnité complète de résidence. (Art. 15 et 12 de la loi du 19 juillet 1889) ;

b) directeurs ou directrices, adjoints ou adjointes de cours complémentaires. (Ces fonctions donnent droit à un supplément de traitement de 200 francs, article 9 de la loi du 19 juillet 1889, et à l'indemnité complète de résidence, article 12 de la même loi) ;

c) délégués dans les fonctions de directeur, directrice, adjoint ou adjointe d'école primaire annexée à une école normale. (Décret du 4 octobre 1894) ;

d) promus à la 2ᵉ et à la 1ʳᵉ classe de leur emploi. (Art. 24 de la loi du 19 juillet 1889 et loi de finances du 30 décembre 1903, art. 22.)

CERTIFICAT D'APTITUDE PÉDAGOGIQUE

Conditions d'inscription. — Le décret du 3 juin 1902 a modifié ainsi qu'il suit l'article 108 du décret du 18 janvier 1887:

« Les candidats au certificat d'aptitude pédagogique doivent « remplir les conditions suivantes :

« 1° Etre pourvus du brevet élémentaire ;

« 2° Avoir vingt ans révolus au 31 décembre de l'année de
« l'examen ;

« 3° Justifier au *moment de l'inscription* de deux années
« d'exercice au moins dans un établissement public d'ensei-
« gnement ou dans une école privée, sauf les cas prévus par
« l'article 23 de la loi du 30 octobre 1886.

« *Aucune dispense d'âge n'est accordée.* »

Stage. — Aux termes de l'article 23 de la loi du 30 octobre 1886, « le temps passé à l'Ecole normale compte, pour
l'accomplissement du stage, aux élèves-maîtres, à partir de
18 ans, aux élèves-maîtresses à partir de 17. »

Tous les services rendus, à un titre quelconque, dans une
école publique entrent en ligne de compte dans le calcul du
temps de stage.

Mais d'une lettre ministérielle en date du 13 février 1903,
adressée à M. l'Inspecteur d'Académie de la Haute-Marne,
il résulte que l'année de service militaire ne saurait entrer
en ligne de compte dans les deux années de stage exigées des
candidats.

Tout maître ou maîtresse, qui a exercé dans un autre département, doit justifier de ses services, soit publics, soit privés, par la production d'un certificat d'exercice.

Dispense de stage. — Les candidats qui, au moment de
leur inscription, ne comptent pas deux ans de service peuvent
obtenir une dispense de stage. Elle est accordée par le Ministre, sur l'avis du Conseil départemental. (Art. 23 de la loi du
30 octobre 1886.)

L'examen écrit ayant lieu en février, il est nécessaire que
les demandes de dispense parviennent à l'Inspecteur d'Académie dès le mois d'octobre, afin qu'elles puissent être soumises en temps utile au Conseil départemental.

Pièces à produire. — Les candidats, quinze jours au
moins avant l'examen, déposent les pièces suivantes :

1° Une demande d'inscription. (Les membres de l'enseignement public sont dispensés de l'établir sur papier timbré) ;

2° Un extrait de leur acte de naissance, sur timbre et légalisé ;

3° Leur brevet élémentaire ou leur brevet supérieur.
(Art. 155 de l'arrêté ministériel du 18 janvier 1887.)

Epreuve écrite. -- L'épreuve écrite, qui est éliminatoire, consiste en une composition française sur un sujet élémentaire d'éducation ou d'enseignement.

Trois heures sont accordées pour cette épreuve. (Art. 158 et 159 de l'arrêté du 18 janvier 1887.)

Tout candidat qui obtient la note 10 (sur 20) est admis à subir l'épreuve pratique.

Epreuve pratique. — Les §§ 2 et 3 de l'art. 154 de l'arrêté du 18 janvier 1887, modifiés par l'arrêté du 24 juillet 1888, sont libellés de la manière suivante :

« Pour les candidats admissibles, l'épreuve pratique con-
« sistera en une classe de trois heures, faite par le candidat
« *dans la classe ou dans l'école qu'il dirige.* »

« Les instituteurs privés pourront, sur leur demande, subir
« l'épreuve pratique, soit dans leur propre classe, soit dans
« une école publique. »

Ces deux paragraphes ne furent pas reproduits dans l'arrêté du 27 juillet 1893, qui modifiait encore ce même article 154. Ce n'était là qu'une omission, car ils furent insérés peu de temps après dans le *Bulletin administratif* du Ministère de l'Instruction publique en date du 12 août 1893, page 286.

Cette innovation a eu pour but de permettre à la sous-commission de voir « chaque instituteur chez lui, faisant une classe vraie avec des élèves vrais » et d'apprécier « beaucoup plus aisément l'enseignement, la discipline, les devoirs écrits et les leçons orales, la tenue des cahiers, des élèves, du local, les résultats obtenus, tout ce qui peut enfin permettre de reconnaître à coup sûr un bon maître et une bonne école. » (Circulaire du 6 août 1888.)

D'autre part, l'art. 160 de l'arrêté du 18 janvier 1887, modifié par l'arrêté du 27 juillet 1893, est ainsi conçu :

« L'épreuve pratique consiste en une classe faite par le can-
« didat dans une école primaire *publique.* Les aspirantes peu-
« vent, à leur choix, subir l'épreuve pratique dans une école
« maternelle ou dans une école de filles.

« L'école dans laquelle le candidat est appelé à subir l'é-
« preuve lui est ouverte 24 heures à l'avance. Il en prend la
« direction le jour de l'épreuve et est tenu de se conformer à
« un programme arrêté par la Commission.

« Ce programme est remis au candidat 24 heures à l'a-
« vance. Il se rapprochera, autant que possible, de l'ordre des

« exercices inscrits à l'emploi du temps de l'école au jour de
« l'examen. »

Les dispositions contenues dans ces deux derniers paragraphes ne peuvent évidemment s'appliquer qu'aux aspirantes
exerçant dans des écoles maternelles et aux membres de l'enseignement privé, qui peuvent subir l'épreuve pratique, les
premières, « dans une école de filles », les seconds, « dans une
école publique ». Il ne semble pas possible d'interpréter ces
textes d'une autre façon, car alors comment pourrait-on con-
cilier le § 3 de l'art. 154 qui stipule que « les instituteurs privés pourront subir l'épreuve pratique, soit dans leur propre
classe, soit dans une école publique » et le § 1ᵉʳ de l'art. 160
d'après lequel cette épreuve « consiste en une classe faite par
le candidat dans une école primaire *publique* » ?

Est ajourné tout candidat qui n'obtient pas la note 10 à l'é-
preuve pratique. (Art. 163, arrêté du 18 janvier 1887.)

Epreuve orale. — Elle consiste : 1° dans l'appréciation
de cahiers de devoirs mensuels ; 2° dans des interrogations
en rapport avec les autres épreuves déjà subies par le candidat, et portant sur des sujets relatifs à la tenue et à la direction d'une école primaire élémentaire ou maternelle, ou sur
des questions de pédagogie pratique.

La durée de cette épreuve ne doit pas dépasser vingt minutes. (Arrêté du 18 janvier 1887, art. 162.)

Admission définitive. — Pour être admis définitivement,
il faut que le candidat obtienne une moyenne de 30 points
pour l'ensemble des épreuves. (Arrêté du 18 janvier 1887,
art. 163.)

Admissibilité. — L'arrêté du 9 décembre 1901 modifiant
l'art. 154 de l'arrêté du 18 janvier 1887 stipule que « les aspirants et aspirantes qui échouent à l'épreuve pratique ou à
l'épreuve orale conservent, à la session suivante, le bénéfice
de l'admissibilité prononcée à la suite de l'épreuve écrite ».

En conséquence, les candidats déclarés admissibles sont
dispensés, à la session suivante, de subir à nouveau l'examen
écrit. Mais il est bien évident qu'ils ne doivent pas omettre de
demander, dans les délais réglementaires, leur inscription
sur la liste des candidats au certificat d'aptitude pédagogique.
Faute par eux de remplir cette formalité, ils risquent de
perdre le bénéfice de leur admissibilité ; c'est à eux — et non

à l'administration — qu'incombe le soin de faire opérer leur inscription.

Conseils aux candidats. — L'abaissement à 20 ans de l'âge exigé des candidats au certificat d'aptitude pédagogique, la possibilité d'obtenir une dispense de stage, l'amélioration de la situation des instituteurs par un avancement régulier font un devoir aux instituteurs et aux institutrices stagiaires de faire tous leurs efforts pour conquérir de bonne heure ce diplôme, qui leur est absolument indispensable pour être titularisés.

La connaissance approfondie des programmes officiels, la préparation sérieuse et méthodique de leur classe, l'application rigoureuse de l'horaire de leur école, l'étude rationnelle du caractère et du tempérament de leurs élèves, la critique judicieuse des leçons de chaque jour, la lecture de bons auteurs pédagogiques, sont les facteurs les plus importants du succès. Les jeunes maîtres trouveront ci-après une liste d'ouvrages pédagogiques qu'ils pourront utilement consulter. Ils ne doivent pas oublier en effet combien il est indispensable que l'instituteur lise, qu'il se tienne au courant du mouvement intellectuel de son temps, en particulier des principales questions pédagogiques et de toutes celles qui intéressent l'école.

Le bon maître n'a pas seulement le souci de son instruction générale : il songe aussi à accroître son habileté et son savoir professionnels. Son esprit doit être sans cesse en éveil ; sa réflexion doit s'exercer sur les meilleurs procédés à employer, sur les mesures les plus efficaces à prendre pour que les classes deviennent de plus en plus animées et vivantes. Or, rien n'est plus propre à conserver à la pensée toute sa vigueur et toute sa vivacité que de l'alimenter sans cesse par de saines et substantielles lectures.

LISTE D'OUVRAGES DE FONDS

ANTHOINE. — A travers nos écoles. — *Hachette.*
AUVARD (D'). — Le nouveau-né. — *Doin.*
BAIN. — De l'éducation. — *Alcan.*
BAYET. — Précis de l'histoire de l'art. — *Lib. et Imp. réunies.*
BERSOT. — Un moraliste. — *Hachette.*
BERTHELOT. — Science et éducation. — *Bibl. d'éducation.*
BEURDELEY. — L'école nouvelle. — *Delagrave.*

Bizos (Gaston). — Classiques populaires. Fénelon éducateur. — *Bibl. d'éducation.*

Blackie. — L'idée de soi-même (traduction Pécault). — *Hachette.*

Bourgeois. — L'éducation de la démocratie. — *Cornély.*

Bréal. — Quelques mots sur l'instruction publique en France. — *Hachette.*

Brouard et Defodon. — Manuel du certificat d'aptitude pédagogique. — *Hachette.*

Carré. — Extrait de Port-Royal. — *Delagrave.*

Cassine (D'). — Le Conseiller de la jeune femme (mères et nourrices). — *Société d'éditions scientifiques.*

Channing. — Œuvres sociales : de l'éducation personnelle, etc. — *Charpentier.*

Chauvin. — L'éducation de l'instituteur. — *Picard et Kaan.*

Compayré. — L'évolution intellectuelle et morale de l'enfant. — *Hachette.*

Compayré. — Histoire critique des doctrines de l'éducation (2 vol.). — *Hachette.*

Compayré. — Organisation pédagogique et législation des écoles primaires. — *Delaplane.*

Compayré. — Cours de pédagogie théorique et pratique. — *Delaplane.*

Compayré. — Histoire de la pédagogie. — *Delaplane.*

Compayré. — Les grands éducateurs (J.-J. Rousseau, H. Spencer, etc.). — *Delaplane.*

Defodon et M⁵⁵ Kergomard. — Lectures pédagogiques. — *Hachette.*

Demolins — L'éducation nouvelle. — *Firmin-Didot.*

Dugard. — La culture morale. — *Colin.*

Dupuy (Ch.). — Conférences pour les adultes (2 volumes). — *Colin.*

Fénelon. — L'éducation des filles (édit. Gréard). — *Jouaust.*

Fleury (D' Maurice de). — Le corps et l'âme de l'enfant. — *A. Colin.*

Girard (Grég.). — De l'enseignement régulier de la langue maternelle. — *Delagrave.*

Gréard. — Education et instruction. Enseignement primaire. — *Hachette.*

Gréard. — L'éducation des femmes par les femmes. — *Hachette.*

Guizot (M⁵⁵). — Lettres de famille sur l'éducation. — *Perrin.*

Guizot. — Méditations et études morales. — *Didier et Cie.*

Jacob. — Pour l'école laïque. — *Cornély.*

Janet. — La philosophie du bonheur. — *C. Lévy.*

Janet. — Lectures variées de littérature et de morale. — *Delagrave.*

Kergomard (Mᵐᵉ). — L'éducation maternelle à l'école (2 volumes). — *Hachette.*

Lacombe. — Esquisse de l'enseignement basé sur la psychologie de l'enfant. — *Colin.*

Lavisse. — Questions d'enseignement national. — *Colin.*

Leblanc (René). — L'enseignement manuel. — *Larousse.*

Leblanc (René). — L'enseignement agricole. — *Larousse.*

Leblanc (René). — Exercices manuels dans les écoles du degré prim. (Comment. illus. du prog. officiel). — *Larousse*

Leblanc (René). — Enseignement agricole à l'école prim. (Commentaire des programmes officiels). — *Larousse.*

Legouvé. — Nos fils et nos filles (2 volumes). — *Hetzel.*

Licquier. — Journal des aspirants et aspirantes au certificat d'aptitude pédagogique. — *Molouan.*

Locke. — Pensées sur l'éducation. (Traduction Compayré). — *Hachette.*

Maillet. — Psychologie de l'homme et de l'enfant appliquée à l'éducation. — *Belin.*

Maintenon (Mᵐᵉ de). — Extraits des lettres et entretiens sur l'éducation (par Gréard). — *Hachette.*

Maneuvrier. — L'éducation de la bourgeoisie sous la République. — *Cerf.*

Mann (Horace). — De l'importance de l'éducation dans une République (traduction Gaufrès). — *Berger-Levrault.*

Martin. — L'éducation du caractère. — *Hachette.*

Michelet. — Nos fils. — *Lévy.*

Moll-Weiss (Mᵐᵉ Augusta). — Le foyer domestique. — *Hachette.*

Montaigne. — De l'institution des enfants (Essais, livre I, chapitre XXV) Edition Hémon. — *Delagrave.*

Necker de Saussure (Mᵐᵉ). — L'éducation progressive (2 volumes). — *Garnier.*

Pape-Carpentier (Mᵐᵉ). — Enseignement pratique dans les écoles maternelles. — *Hachette.*

Payot. — Aux instituteurs et aux institutrices. — *Colin.*

Payot. — L'éducation de la volonté. — *Alcan.*

Pécaut. — L'éducation publique et la vie nationale. — *Hachette.*

Pécaut et Baude. — L'art. — *Larousse.*

Périé. — L'école du citoyen. — *Gédalge*.

Petit (Ed.). — Chez les étudiants populaires. — *Cornély*.

Picavet. — L'éducation. — *Chailley*.

Polack. — Les expériences d'un maître d'école allemand (2 volumes). — *Didot*.

Quinet (M⁰ᵉ Edg.). — Le vrai dans l'éducation. — *Lévy*.

Rousseau (J.-J.). — L'Emile. — *Garnier*.

Sainte-Beuve. — Extraits des causer. du lundi. — *Garnier*.

Spencer (H.). — L'éducation intellectuelle, morale et physique. — *Alcan*.

Steeg. — La vie morale. — *Nathan*.

Thomas (F.). — La dissertation pédagogique. — *Alcan*.

Thomas (F.). — Eléments de philosophie scientifique et de philosophie morale. — *Alcan*.

Tolstoï. — L'école de Yasnaïa Polonia (traduction Joubert). — *Savine*.

Vaillant. — Nouveau guide des aspirants et aspirantes au certificat d'aptitude pédagogique. — *Delaplane*.

Vauclin (Noël). — Mémoires d'un instituteur français. — *Picard et Kaan*.

Vessiot. — L'éducation à l'école. — *Biblioth. d'éducation*.

Vessiot. — L'enseignement à l'école. — *Bibl. d'éducation*.

Vessiot. — Pages de pédagogie. — *Biblioth. d'éducation*.

Vessiot. — Chemin faisant. — *Biblioth. d'éducation*.

Vinet. — Chrestomathie. — *G. Bridel, à Lausanne*.

Vinet. — Pensées pour chaque jour. — *Fischbacher*.

BOURSES DANS LES LYCÉES ET COLLÈGES

(Arrêté du 31 mai 1902).

Inscription des candidats. — Les inscriptions sont reçues au Secrétairiat de la Préfecture du 1ᵉʳ au 25 mars.

Les pièces à produire sont les suivantes :

1° Une demande d'inscription établie sur timbre et indiquant, pour les garçons, les divisions A et B (1ᵉʳ ou 2ᵉ cycle) auxquelles appartient le candidat ; et, dans tous les cas, la nature de la bourse sollicitée et l'établissement choisi pour la jouissance de cette bourse (externat, demi-pensionnat, internat);

2° L'acte de naissance, sur timbre et légalisé ;

3° Le certificat scolaire prescrit par l'arrêté du 31 mai 1902, conforme au modèle ci-joint et relatant :

a) L'établissement auquel appartient le candidat, s'il est admis comme interne, demi-pensionnaire ou interne, et depuis quelle époque ;

b) La classe à laquelle il est attaché et le nombre total des élèves de cette classe ;

c) La liste des places qu'il a obtenues dans les compositions pendant les deux dernières années scolaires et les cotes (0 à 20) données à chacune d'elles ;

d) Le résumé des notes de conduite, de travail et d'aptitude ;

e) La liste des prix et récompenses qui lui ont été décernés à la fin de la dernière année classique. Si l'élève sort d'une école primaire, mention sera faite, s'il y a lieu, de l'obtention du certificat d'études primaires.

Ces diverses indications seront visées par le chef de l'établissement.

Le verso dudit certificat devra porter l'appréciation personnelle et motivée de chacun des professeurs du candidat sur ses aptitudes, son travail et ses progrès.

4° Une note détaillée ou un état dûment *certifié* des services sur lesquels la demande est fondée ;

5° Un bulletin indicatif du montant annuel des ressources de toute nature des parents ainsi que du nombre et de l'âge de leurs enfants et des charges quelconques qu'ils ont à supporter (modèle n° 1 annexé à la circulaire du 2 février 1887, et reproduit ci-après) ;

6° L'engagement écrit sur timbre de payer les frais du trousseau et de pension qui, en cas de nomination, seraient laissés à la charge de la famille.

En outre, les candidats aux bourses de la classe de septième (série élémentaire) doivent justifier qu'ils appartiennent au moins depuis la rentrée d'octobre à un lycée ou à un collège ; à cet effet ils ont à produire, au moment de leur inscription, une attestation émanant du chef de l'établissement dont ils suivent les classes. Aucun stage dans un établissement public d'enseignement secondaire n'est exigé des candidats appartenant aux autres séries.

' SÉRIE.

BOURSES DANS LES LYCÉES ET COLLÈGES.

1" ou 2' CYCLE : DIVISION A ou B.

Lycée, Collège ou École primaire publique d

Certificat scolaire de l'élève

né le   *à*

ANNÉE 190 -190 .						Moyennes.	ANNÉE 190 -190 .						Moyennes.
CLASSE DE							CLASSE DE						
Places et notes de composition sur élèves.							Places et notes de composition sur élèves.						
Français... { places													
notes.													
Allemand.. { places													
notes.													
Lecture.... { places													
notes.													
Écriture... { places													
notes													
Histoire et { places													
Géographie. { notes.													
Calcul..... { places													
notes.													
Sciences { places													
naturelles.. { notes.													
Récitation.. { places													
notes.													
{ places													
{ notes.													
Moyenne déduite de toutes les places.							Moyenne déduite de toutes les places,						
— notes.							— notes.						

Note moyenne de conduite..   Note moyenne de conduite.

     — de travail....   — de travail...

     — d'aptitude ...   — d'aptitude...

Prix et accessits obtenus à la fin de l'année classique.

L'élève est pourvu du certificat d'études primaires obtenu en 19 .

CERTIFIÉ EXACT :

A   , le   19 .

MODÈLE N° 1.

DÉPARTEMENT DE

RENSEIGNEMENTS concernant la demande de [A]
faite en faveur d   jeune   pour [A]

(A) Indiquer s'il s'agit d'une bourse, d'une demi-bourse d'internat, de demi-pensionnat ou d'externat, d'essai ou de mérite.

(B) Indiquer la nature de l'établissement (collège ou lycée, école primaire supérieure ou cours complémentaire).

NOM, Qualité et demeure de la personne qui a fait la demande.	NOM et Prénoms du Candidat. — Indiquer s'il est orphelin.	LIEU et date de la naissance.	GRADE du père — Si le candidat est militaire, l'indiquer également	NOMBRE des enfants — Age, Sexe, état civil et position de chacun (D)	MOYENS D'EXISTENCE					DE LA FAMILLE (C).				MONTANT DES CONTRIBUTIONS				AVIS DU MAIRE.
					REVENU professionnel.	TRAITEMENT			Dotation.	Pension	REVENU foncier.	RENTES sur l'Etat ou autres.	Total.	foncière.	personnelle.	mobilière.	Total.	
						Militaire.	Civil.	de la Légion d'honneur.										

Déclaration à faire par le pétitionnaire.

Je soussigné, déclare que je ne possède rien, tant en mon nom personnel que du chef de ma femme, en dehors des ressources ci-dessus énoncées.

(C) Celles des colonnes pour lesquelles il n'y aura aucune indication numérique à donner devront porter le mot *Néant* en toutes lettres.

(D) Indiquer si des bourses, remises ou dégrèvements ont déjà été accordés précédemment au candidat ou à ses frères ou sœurs.

Vu par le Préfet :

A   , le   190 .

Distribution des candidats en séries. — Art. 3 de l'arrêté du 31 mai 1902. Les candidats sont distribués en séries, suivant leur âge, chaque série correspondant à une classe.

Toutefois, par application de l'article 6 du décret du 6 août 1895 (1), si un candidat appartient déjà à une classe supérieure à celle de son âge, il est tenu de subir l'examen sur les matières de cette classe, à moins que sa famille n'ait fait connaître expressément, dans sa demande, son intention de la lui faire redoubler.

Le résultat de l'examen n'est valable que pour un an.

Aucune dispense d'âge ou de stage n'est accordée.

Pour la 1ʳᵉ série et les séries supérieures, aucun stage préalable dans un lycée ou collège n'est exigé des candidats.

La série élémentaire comprend les candidats qui, justifiant du stage prescrit par l'article 7 du décret du 6 août 1895 (2), doivent entrer en septième ;

La 1ʳᵉ série comprend ceux qui doivent entrer en sixième ;

La 2ᵉ série ceux qui doivent entrer en cinquième, et ainsi de suite.

Age des candidats. — Art. 4. Pour être inscrits, les candidats doivent avoir, avant le 1ᵉʳ janvier de l'année où l'examen est subi :

Dans la série élémentaire, moins de 11 ans révolus ;

Dans la 1ʳᵉ série, moins de 12 ans ;

Dans la 2ᵉ série, moins de 13 ans ;

Dans la 3ᵉ série, moins de 14 ans ;

Dans la 4ᵉ série, moins de 16 ans ;

Dans la 5ᵉ série, moins de 17 ans ;

Dans la 6ᵉ série, moins de 18 ans.

Examen. — Les candidats sont examinés, savoir : (Art. 5).

Dans la série élémentaire, sur les matières du programme de huitième ;

Dans la 1ʳᵉ série, sur les parties communes au programme du cours moyen de l'enseignement primaire et à celui des classes élémentaires des lycées ;

Dans la 2ᵉ série, sur les matières de sixième ; dans la 3ᵉ série, sur les matières de cinquième, et ainsi de suite.

(1) Art. 6. — Les bourses sont accordées pour les classes auxquelles donne accès l'examen subi. Aucun candidat ne peut être admis comme boursier dans une classe supérieure à celle pour laquelle il a concouru.

(2) Art. 7. — Les candidats aux bourses de la classe de septième doivent justifier, au moment de l'examen, d'un stage de six mois au moins dans un lycée ou dans un collège.

La nullité d'une composition écrite peut entraîner l'ajournement. (Art. 8.)

La nullité d'une épreuve orale peut également entraîner l'ajournement. (Art. 10.)

L'usage d'un lexique est autorisé dans les épreuves écrites de langues vivantes. (Art. 11.)

Concession de bourse. — Art. 14. L'obtention du certificat d'aptitude ne confère *aucun droit absolu*. Toutes les demandes de bourses de l'Etat sont soumises à une Commission centrale, siégeant au ministère, qui les classe par ordre de mérite, d'après l'ensemble des titres produits à l'appui.

Cette Commission tient compte aux candidats des deux premières séries de la production du certificat d'études primaires.

Art. 15. — Sont dispensés de l'examen d'aptitude, en vue de l'obtention d'une bourse nationale :

1° Les boursiers nationaux d'enseignement primaire supérieur transférés dans l'enseignement secondaire par application de l'article 61 de l'arrêté sur les bourses d'enseignement primaire supérieur ;

2° Les boursiers départementaux ou communaux d'enseignement secondaire qui ont été nommés antérieurement à la suite d'un examen subi dans les conditions réglementaires.

BACCALAURÉAT

Age des candidats. — Les candidats doivent être âgés de 16 ans accomplis. (Décret du 5 février 1891.)

Des dispenses de moins d'un an sont accordées.

Pièces à produire. — L'inscription se fait au Secrétariat de la Faculté des sciences ou de la Faculté des lettres.

Tout candidat doit déposer ou faire déposer dans les délais légaux :

1° Un extrait de son acte de naissance, dûment légalisé ;

2° Une demande d'inscription conforme au modèle ci-après. Cette demande est écrite en entier de sa main, signée de ses nom et prénoms ;

3° L'autorisation du père ou tuteur, si le candidat est mineur.

La signature du candidat et celle du père doivent être légalisées.

4° Une note indiquant quelle série d'épreuves il demande à subir ;

5° S'il y a lieu, son livret scolaire. (Arrêté du 31 mai 1902, art. 2.)

Droits d'examen. — Les droits d'examen sont fixés à 45 francs pour les épreuves de la première partie, et à 85 francs pour celles de la seconde partie.

Ces droits doivent être consignés avant les épreuves. L'art. 5 du décret du 31 mai 1902 stipule d'ailleurs que « l'inscription n'est valable qu'après consignation des droits à acquitter ».

Une somme de 10 francs ou de 50 francs, suivant le cas, est remboursée au candidat ajourné.

Mais une absence *non justifiée* ne donne pas lieu au remboursement des droits acquittés.

Epreuves. — Les épreuves du baccalauréat de l'enseignement secondaire sont divisées en deux parties. (Art. 15 du décret du 31 mai 1902.)

Nul ne peut se présenter aux épreuves de la seconde partie qu'un an après avoir subi avec succès celles de la première.

Aucune dispense ne sera accordée.

L'intervalle compris entre la session d'octobre-novembre et celle de juillet-août compte pour une année. (Art. 16, même décret.)

Les candidats à la première partie peuvent choisir, au moment de leur inscription, entre quatre séries d'épreuves : latin-grec ; latin-langues vivantes ; latin-sciences ; sciences-langues vivantes. (Art. 17, même décret.)

Les candidats à la seconde partie peuvent choisir, au moment de leur inscription, entre deux séries d'épreuves : philosophie ; mathématiques. (Art. 19, même décret.)

L'usage d'un dictionnaire en langue étrangère, sans traduction, est autorisé pour l'épreuve de langue vivante. (Instruction annexée au décret précité.)

Admissibilité. — Le bénéfice de l'admissibilité aux épreuves orales, après échec à ces épreuves, est acquis aux candidats pour les *deux sessions suivantes*, à la condition qu'ils se présentent, pour réparer leur échec, devant la Faculté où ils l'ont subi. (Art. 7, même décret.)

MODÈLE DE DEMANDE D'ADMISSION A L'EXAMEN POUR LES CANDIDATS MAJEURS.

Je soussigné (*nom et prénoms*), né à   , département d   , le (*jour, mois, année*), domicilié à   , département d   , présente à M. le Recteur de l'Académie d   , conformément au règlement du   , la demande d'être admi.; à la (*première* ou *seconde*) partie (1) de l'examen du baccalauréat de l'enseignement secondaire devant la Faculté des (*lettres* ou *sciences*) de   , en vertu de l'extrait de mon acte de naissance, que je dépose dans ses mains, et qui atteste que je suis majeur ; la dite demande écrite et signée devant M. le Maire de la commune d   , où je réside.

Langues vivantes (2) :

A   le   190 .
(*Signature du candidat.*)

Cette signature doit être légalisée par l'autorité municipale.

MODÈLE DE DEMANDE D'ADMISSION POUR LES CANDIDATS MINEURS.

Je soussigné (*nom et prénoms*), né à   département d   , le (*jour, mois, année*), présente à M. le Recteur de l'Académie de   , conformément au règlement du   et en vertu de l'autorisation ci-jointe de M. (*père, mère, oncle, frère aîné, tuteur*), la demande d'être admis à la *première* partie (1) (ou *seconde* partie) de l'examen du baccalauréat de l'enseignement secondaire devant la Faculté des lettres (ou sciences) de   .

Langues vivantes (2):

A   le   190 .
(*Signature du candidat.*)

Cette signature doit être légalisée par l'autorité municipale.

---

(1) Le candidat qui se présente à la *première partie* de l'examen doit indiquer la série d'épreuves qu'il désire subir : *latin-grec; latin-langues vivantes; latin-sciences; sciences-langues vivantes.*

Le candidat qui se présente à la *seconde partie* de l'examen doit indiquer la série d'épreuves qu'il désire subir : *philosophie* ou *mathématiques.*

(2) Le candidat qui se présente à la *première partie* de l'examen doit indiquer sur quelles langues vivantes il demande à être interrogé.

MODÈLE DE L'AUTORISATION DU PÈRE DE FAMILLE, DU TUTEUR, ETC.

Je soussigné (*nom et prénoms*), domicilié dans la commune de   , département d   , déclare autoriser mon (*fils, neveu, frère, pupille*), d'après la demande ci-dessus écrite et signée par lui, à se présenter à la (*première* ou *seconde*) partie de l'examen du baccalauréat de l'enseignement secondaire devant la Faculté des lettres (ou *sciences*) de

A   le   190 .

(*Signature du père* ou *de la mère* ou *de l'oncle* ou *du frère aîné* ou *du tuteur.*)

Cette signature doit être légalisée par l'autorité municipale.

CONGÉS POUR CAUSE DE MALADIE ET SUPPLÉANCES

Tout instituteur, dont l'état de santé l'empêche de faire son service, doit en aviser l'Inspecteur primaire et adresser à l'Inspecteur d'Académie une demande d'interruption de service. (Décret du 25 mai 1894, art. 1er.)

Cette demande doit être appuyée d'un certificat médical indiquant la nature de la maladie et la durée approximative de l'interruption. Mais l'Inspecteur d'Académie reste juge d'accueillir ou de rejeter la demande de congé : il peut, pour mieux s'éclairer, lorsque le certificat médical produit lui paraît insuffisant, avoir recours à un médecin assermenté. (Circulaire du 2 mars 1895 et lettre ministérielle du 27 juin 1902.)

Pour permettre à l'Inspecteur d'Académie d'apprécier s'il convient de faire assurer le service par un suppléant, il importe que l'instituteur malade fasse connaître dans sa demande de congé le nombre des élèves de sa classe ou de son école et comment le suppléant pourra être logé. Aux termes d'instructions ministérielles maintes fois rappelées (circulaire du 2 mars 1895, lettre du 27 juin 1902, etc.), le service dans les écoles à plusieurs classes doit être assuré, en cas de maladie de l'un des maîtres, par les autres maîtres. Ce n'est qu'en cas d'absolue nécessité qu'un suppléant est désigné pour remplacer le maître malade.

Les congés pour cause de maladie, même de quelques jours, sont accordés aux titulaires par le Préfet. (Circulaire du 21 avril 1897.)

Les instituteurs malades *peuvent* être suppléés aux frais de l'Etat et conserver pendant la durée de leur congé tout ou partie de leur traitement, à la condition toutefois que ce congé n'excède pas une durée de six mois. Cet avantage accordé aux maîtres malades n'existait pas antérieurement à la loi du 19 juillet 1889, modifiée par celle du 25 juillet 1893. L'article 42 de cette loi stipule en effet que : « Quand l'Administration *jugera nécessaire* de faire remplacer temporairement un instituteur ou une institutrice pour cause de maladie *dûment constatée*, les frais de suppléance seront à la charge de l'Etat. » De plus, l'article 48, § 6, ajoute qu'il sera statué par des règlements d'administration publique « sur les moyens d'assurer le service, sans que la *rémunération en incombe* aux maîtres dont la maladie aura été constatée ».

Cette dernière prescription a été rappelée à différentes reprises, notamment par les circulaires ministerielles des 9 juin 1894 et 21 avril 1897.

Par suite de ces dispositions, les instituteurs malades *peuvent* bénéficier, au même titre que les autres fonctionnaires, des avantages accordés par l'article 16, § 7, du décret du 9 novembre 1853, ainsi libellé : « .... § 7. En cas d'absence « pour cause de maladie dûment constatée, le fonctionnaire « *peut* être autorisé à conserver l'intégralité de son traite- « ment pendant un temps qui ne peut excéder trois mois. « Pendant les trois mois suivants, il *peut* obtenir un congé « avec la retenue de la moitié au moins et des deux tiers au « plus du traitement. »

D'autre part, dans sa circulaire du 21 avril 1897, M. le Ministre s'exprime comme il suit : « Dorénavant, seront seu- « les appliquées les dispositions du décret du 9 novembre 1853 « qui limitent à un maximum de *six mois* (dont trois mois à « traitement intégral et trois mois à demi-traitement) les « congés qui peuvent être accordés, *au cours d'une même* « *année, calculée à partir du début de la première suppléance.* » Par cette expression « calculée à partir du début de la pre- mière suppléance », il faut évidemment entendre que l'année durant laquelle le congé de six mois est accordé commence à dater du jour où le maître est mis en congé. Il arrive souvent, en effet, que l'instituteur malade obtient d'abord une, deux ou trois semaines de congé avant d'être suppléé. D'ailleurs diverses instructions ministérielles ne laissent aucun doute à cet égard.

Tout instituteur, quelle que soit son ancienneté de service, peut bénéficier du congé avec traitement. Mais il convient de ne pas perdre de vue que c'est là plutôt une faveur qu'un droit absolu ; et de ce que le décret du 9 novembre 1853 prévoit un congé de six mois, il ne s'ensuit pas que ce congé doive nécessairement être accordé. Les instructions ministérielles laissent à l'Inspecteur d'Académie le droit de réduire la durée maxima du congé et de déterminer dès le début de la maladie la quotité du traitement à allouer à l'instituteur. « *Ce « n'est*, — dit en effet M. le Ministre dans sa lettre du 27 juin « 1902, — *que dans des cas tout à fait exceptionnels* que le « congé doit comporter une durée de six mois, dont trois « mois avec traitement intégral et trois mois avec demi-trai-« tement, car il s'agit là de maxima prévus par le décret du « 9 novembre 1853, *dans des termes qui donnent incontesta-« blement à l'Administration le droit de réduire ces maxima à « son gré*. La mesure à prendre varie donc par espèce et ne « saurait, par conséquent, *constituer un précédent*. »

Le maître qui a obtenu un congé pour cause de maladie ne doit pas, *à moins d'une autorisation spéciale*, quitter son poste. Il doit, au contraire, y rester pour diriger et conseiller, autant que possible, le suppléant chargé de le remplacer.

Tout congé avec traitement intégral ou demi-traitement compte pour la retraite. (Avis du Conseil d'Etat du 24 février 1897.) Il ne doit donc pas être défalqué des services de l'instituteur. Mais toute interruption *sans traitement* vient en déduction des années de services, lors même que l'instituteur resterait titulaire de son poste et continuerait d'être suppléé aux frais de l'Etat au delà de la période réglementaire de six mois.

D'un avis du Conseil d'Etat du 8 décembre 1894 et de diverses lettres ministérielles, il résulte que le bénéfice du congé avec traitement et suppléance ne saurait être accordé aux instituteurs que leurs infirmités mettent définitivement dans l'impossibilité de continuer leurs fonctions.

TRAITEMENTS DU PERSONNEL

Les traitements du personnel des écoles primaires élémentaires et maternelles ont été fixés comme il suit par les articles 7 et 11 de la loi du 19 juillet 1889, modifiés par l'article 73 de la loi de finances du 31 mars 1903 :

	Instituteurs.		Institutrices.	
Stagiaires	1.000 francs.		1.000 francs	
5ᵉ classe	1.100	—	1.100	—
4ᵉ classe	1.200	—	1.200	—
3ᵉ classe	1.500	—	1.400	—
2ᵉ classe	1.800	—	1.500	—
1ʳ classe	2.000	—	1.600	—

Les traitements servis aux instituteurs et aux institutrices sont soumis aux retenues, en application de l'article 3 de la loi du 9 juin 1853. La retenue de cinq pour cent est prélevée mensuellement. Mais la retenue du douzième doit être, aux termes de l'article 28 de la loi de finances du 29 mars 1897, prélevée « par quart sur les quatre premières mensualités » lors de la première nomination ou dans le cas de réintégration. Toute augmentation ultérieure de traitement supporte la retenue du douzième.

Les traitements sont payés mensuellement. Le mandat délivré à cet effet est payable le dernier jour du mois auquel il se rapporte. Les frais du timbre-quittance qui doit être apposé sur le mandat sont à la charge de l'instituteur. (Art. 29 de la loi du 13 brumaire an VII.)

Lorsqu'un instituteur a perdu son mandat, il peut néanmoins en obtenir le paiement en demandant au préalable la délivrance d'un duplicata de ce mandat. Il suffit qu'il fasse parvenir au Préfet de son département, par l'intermédiaire de l'Inspecteur d'Académie, une déclaration conforme au modèle ci-après et établie sur papier timbré à 0 fr. 60 quand la somme dépasse 10 francs :

Déclaration de perte de mandat.

Je soussigné   demeurant à
Déclarant avoir perdu le mandat de la somme de

qui m'a été délivré le (1)   190 , sous le N°
par M. le Préfet du département d   , sur les
crédits du Ministère de l'Instruction publique ,   Budget
     chapitre   article   exercice 190 , pour
mon traitement (ou indemnité) afférent au mois de
190 ,

Demande qu'il m'en soit délivré un autre par duplicata, me soumettant à rapporter le premier s'il venait à se retrouver et à en rembourser le montant dans le cas de double emploi.

A   , le   190 .

AVANCEMENT DES INSTITUTEURS

A. — Promotions de classe.

L'avancement du personnel des écoles primaires élémentaires et maternelles était réglé depuis la loi du 19 juillet 1889 par les articles 24 et 34 de cette loi et par le décret du 17 juillet 1895. Mais une modification profonde vient d'être apportée à la législation en vigueur jusqu'ici.

L'article 22 de la loi de finances du 30 décembre 1903, complétant l'article 73 de la loi du 31 mars 1903, fixe ainsi qu'il suit les règles d'avancement:

« Art. 73. — Les stagiaires sont titularisés au 1er janvier qui
« suit l'année de l'obtention du certificat d'aptitude pédagogi-
« que pour les candidats remplissant les conditions détermi-
« nées par l'article 23 de la loi du 30 octobre 1886.

« Les instituteurs et institutrices de 5e classe et de 4e classe
« sont promus à l'ancienneté à la 4e classe après cinq ans pas-
« sés dans la 5e, et à la 3e après cinq ans passés dans la 4e.

« Art. 22. — Les instituteurs et institutrices de 3e classe
« sont promus de droit à la 2e à l'ancienneté, après six ans
« passés dans la 3e classe.

« Le nombre des promotions au choix à la 4e, à la 3e et à la
« 2e classe est égal au dixième de celui des promotions à
« l'ancienneté. Ne peuvent être promus au choix à la classe

(1) Laisser en blanc les indications que l'intéressé ne peut fournir lui-même.

« supérieure que les instituteurs et institutrices comptant au
« moins trois années d'ancienneté dans leur classe.

« Les promotions à la 1" classe sont accordées exclusive-
« ment au choix aux maîtres comptant un minimum de six
« années d'ancienneté dans la 2ᵉ classe. Le nombre des pro-
« motions annuelles sera égal au sixième du nombre des maî-
« tres réalisant cette ancienneté.

« Toutefois, par mesure transitoire et pendant une durée
« de cinq ans, le minimum d'ancienneté exigé par le para-
« graphe précédent sera réduit à trois ans. Le nombre des
« promotions annuelles sera égal au sixième du nombre des
« maîtres comptant trois ans d'ancienneté.

« *Peuvent seuls être admis dans les deux premières classes*
« *les maîtres et maîtresses pourvus du brevet supérieur, ex-*
« *ception faite toutefois pour ceux entrés en fonctions avant*
« *le 19 juillet 1889.* »

Ces dispositions assurent donc au personnel un avancement
beaucoup plus rapide et plus régulier que par le passé. De
plus, les promotions au choix ne se confondront plus comme
précédemment avec les promotions à l'ancienneté. Dans sa
circulaire du 15 mars 1901, relative aux promotions et titula-
risations, M. le Ministre écrit à ce sujet ce qui suit:

« Le nombre des promotions au choix étant subordonné au
nombre des promotions à l'ancienneté, il importe que ces
dernières soient prononcées tout d'abord.

« C'est là une dérogation à la règle suivie jusqu'ici.

« En effet, la loi de 1893 ne prévoyant pas de durée maxima
de séjour dans chacune des classes, on était obligé de comprendre, dans les propositions au choix, des instituteurs qui
pouvaient être promus à l'ancienneté, par cela même qu'on
ignorait, avant le travail des promotions, l'ancienneté de
classe à laquelle on devait s'arrêter. Ces maîtres, promus d'a-
bord au choix, étaient rayés de la liste d'ancienneté afin d'é-
viter que leur élévation de classe ne fasse double emploi et
ne diminue le nombre total des promotions.

« Il n'en est plus de même aujourd'hui que les lois de finances de 1903, en fixant pour chaque classe une limite extrême
à l'expiration de laquelle tout maître obtient de droit un
avancement, ont déterminé d'abord les promotions à l'ancienneté, puis, conséquentes de celles-ci, les promotions au
choix. Il en résulte que les instituteurs et institutrices pro-
posés par les Conseils départementaux pour une promotion
au choix, et qui comptaient, au 31 décembre 1903, six ans

d'ancienneté dans la 3ᵉ classe et cinq ans dans les 4ᵉ et 5ᵉ classes doivent être considérés comme étant promus à l'ancienneté. En un mot, devront être seuls promus au choix, les maîtres et maîtresses qui n'ont pas l'ancienneté suffisante pour être, de droit, élevés à la classe supérieure. »

B. — Direction d'école.

L'avancement des instituteurs et des institutrices ne se traduit pas uniquement par une promotion de classe. L'obtention d'une direction d'école, c'est-à-dire d'une école à trois classes au moins, constitue un véritable avancement qui comporte d'ailleurs une augmentation de traitement de 200 ou de 400 francs, suivant le cas.

Les titulaires chargés de diriger une école à plus de deux classes prennent le nom de directeur cu directrice d'école primaire élémentaire (Loi du 30 octobre 1886, art. 23, § 4). Ils reçoivent à ce titre un supplément de traitement de 200 francs. Ce supplément est porté à 400 francs si l'école comprend plus de quatre classes (Loi du 19 juillet 1889, art. 8). Ils ont droit, en outre, à l'indemnité complète de résidence.

Dans les écoles de plus de 5 classes, les directeurs et directrices peuvent être dispensés de tenir une classe (Loi du 25 juillet 1893, art. 48, 5ᵉ). Pour obtenir cette faveur, il faut que l'école compte un minimum de 300 élèves (Décret du 2 août 1890, art. 1ᵉʳ). Le Conseil municipal est appelé à donner son avis ; la question est ensuite soumise au Conseil départemental, qui statue. Enfin, la décision prise par ce dernier doit recevoir l'approbation du Ministre (Même décret, art. 2 et 3).

La loi de finances du 30 mai 1899 autorise le Conseil départemental à supprimer d'office, malgré l'avis contraire des conseils municipaux, un emploi d'instituteur ou d'institutrice :

Dans les écoles de 3 classes ayant moins de 80 élèves.

—	4	—	120	—
—	5	—	160	—
—	6	—	200	—

C. — Direction de cours complémentaire.

Une autre forme d'avancement pour l'instituteur ou l'institutrice titulaire consiste à être nommé dans les fonctions de directeur ou directrice de cours complémentaire.

Le cours complémentaire est annexé à une école primaire élémentaire et placé sous la même direction (Décret du 18 janvier 1887, art. 30). Seuls les instituteurs et institutrices titulaires, pourvus du brevet supérieur, peuvent être chargés de la direction d'un cours complémentaire (Même décret, art. 31).

Les instituteurs ou institutrices adjoints, titulaires ou stagiaires, chargés d'une classe dans un cours complémentaire, doivent avoir 21 ans et être munis du brevet supérieur (Même décret, art. 32).

Les directeurs, directrices, adjoints et adjointes de cours complémentaire reçoivent un supplément de traitement de 200 francs (Loi du 19 juillet 1889, art. 9).

Ce supplément est absolument indépendant de celui qui est alloué, en application de l'art. 8 de la loi du 19 juillet 1889, au directeur ou à la directrice d'une école primaire élémentaire. Il s'ajoute à ce dernier, à la condition toutefois que le directeur de l'école élémentaire soit, en même temps, réellement chargé du cours complémentaire.

La circulaire ministérielle du 7 décembre 1891 ne laisse aucun doute à cet égard :

« Les articles 8 et 9 sont indépendants l'un de l'autre ; le premier fixe le supplément de traitement à attribuer pour la direction d'une école élémentaire ayant au moins 3 ou 5 classes, *quelles qu'elles soient* ; le second, le supplément à payer pour un cours spécial, le cours complémentaire.

« Le législateur a spécifié que le supplément prévu à l'art. 8 est attribué aux *titulaires* ; les stagiaires n'y ont donc pas droit. Mais quant au supplément de l'art. 9, il s'est servi d'un terme général : *le maître chargé de cours* ; il semble dès lors avoir voulu ne pas tenir compte de la qualité de ce maître dans l'école et décider que le supplément sera alloué à *tout* instituteur *qui est réellement chargé du cours complémentaire.*

« J'estime, en conséquence, que les suppléments des art. 8 et 9 de la loi *doivent se cumuler*, même dans le cas dont il s'agit. »

L'art. 12 de la loi du 25 juillet 1893 accorde au personnel des cours complémentaires (directeurs et adjoints) l'indemnité complète de résidence, c'est-à-dire le maximum de cette indemnité.

PENSIONS DE RETRAITE

A. — Du droit à pension

Conditions d'admission à la retraite. — Les conditions d'âge et de services exigées des fonctionnaires pour faire valoir leurs droits à la retraite sont déterminées par les articles 5 et 11 de la loi du 9 juin 1853, ainsi conçus :

« Art. 5. — § 1. Le droit à la pension de retraite est acquis
« par ancienneté à 60 ans d'âge et après 30 ans accomplis de
« service.

« § 2. Il suffit de 55 ans d'âge et de 25 ans de services pour
« les fonctionnaires qui ont passé 15 ans dans la partie active.

. . . .

« § 5. Est dispensé de la condition d'âge établie aux deux
« premiers paragraphes du présent article le titulaire qui est
« reconnu par le Ministre *hors d'état de continuer ses fonc-*
« *tions.* »

« Art. 11. — .....§ 3. Peuvent également obtenir pension,
« s'ils comptent 50 ans d'âge et 20 ans de services dans la
« partie sédentaire, ou 45 ans d'âge et 15 ans de services dans
« la partie active, ceux que des infirmités graves, résultant
« de l'exercice de leurs fonctions, mettent dans i'impossibi-
« lité de les continuer. »

Différentes sortes de pensions. — De ces textes il résulte que l'on peut diviser les pensions de retraite en 3 catégories : 1° pensions d'ancienneté ; 2° pensions d'ancienneté, avec dispense de la condition d'âge ; 3° pensions proportionnelles pour causes d'infirmités. Il existe, en outre, des pensions exceptionnelles qui peuvent être concédées, quels que soient l'âge du fonctionnaire et la durée de son activité.

Le droit à une pension est-il absolu ? — L'art. 5 ci-dessus mentionné, qui établit le droit à une pension, constitue-t-il un droit absolu ; en d'autres termes, le fonctionnaire peut-il, s'appuyant sur ce texte, exiger sa mise à la retraite ? Cet article, combiné avec les art. 19 de la loi du 9 juin 1853 et 29 du décret du 9 novembre de la même année, ne *confère point* aux fonctionnaires le *droit d'exiger* leur admission à la

retraite ; c'est l'Administration qui apprécie *discrétionnaire-
ment*, suivant les exigences du service, le moment où elle
doit *autoriser* ou *prescrire* cette cessation de l'activité (Avis
du Conseil d'Etat du 17 janvier 1889).

Limite d'âge. — Il n'est imposé aucune limite d'âge aux
instituteurs en instance de retraite pour la cessation définitive
de leurs fonctions. Ils peuvent rester en activité jusqu'à ce
que M. le Ministre ait prononcé leur admission à faire valoir
leurs droits à une pension de retraite et même jusqu'à ce
qu'ils soient en possession de leur brevet de pension. Plusieurs
circulaires ministérielles, notamment celles des 18 février
1885, 12 février 1886, 13 mai 1887 et 3 juin 1889, contiennent
des instructions formelles à cet égard. Exception cependant
est faite pour les maitres qui sont « reconnus absolument
hors d'état de continuer leur service ».

Le décret du 27 mai 1897, modifiant l'art. 47 du décret du
9 novembre 1853, est plus explicite encore :

« Le fonctionnaire admis à faire valoir ses droits à la re-
« traite pour *ancienneté* continue à exercer ses fonctions jus-
« qu'à la délivrance de son brevet de pension, à moins de dé-
« cision contraire rendue sur sa demande ou motivée soit
« par la suppression de son emploi, soit par l'intérêt du
« service.

« Après la délivrance de son brevet de pension, il peut en-
« core, lorsque l'intérêt du service l'exige, être maintenu
« momentanément en activité. »

Cette jurisprudence, qui n'était pas applicable à certaines
catégories de fonctionnaires, vient d'être complétée par l'art.
18 de la loi de finances du 30 décembre 1903, ainsi conçu :

« Art. 18. — La faculté, que la loi du 9 juin 1853 et le dé-
« cret du 9 novembre suivant confèrent aux Ministres d'ad-
« mettre les fonctionnaires civils à faire valoir leurs droits à
« la retraite, ne peut donner lieu à aucun règlement ayant
« pour objet de fixer une limite d'âge au-delà de laquelle les
« titulaires de certains emplois ne peuvent être maintenus en
« fonctions.

« Sont abrogés les règlements de l'espèce actuellement en
« vigueur dans les diverses administrations publiques. Les
« limites d'âge établies pour les magistrats de l'ordre judi-
« ciaire et de la Cour des Comptes sont seules mainte-
« nues. »

B. — Dossiers de retraite.

1° Pensions d'ancienneté. — Les instituteurs publics ont été rangés, par la loi du 17 août 1876 (art. 1"), parmi les fonctionnaires de la partie active. En conséquence leur droit à une pension de retraite est acquis à 55 ans d'âge et après 25 ans de services. (Loi du 9 juin 1853, art. 5, § 2.)

Pièces à produire. — Les instituteurs en instance de retraite doivent produire les pièces suivantes qu'ils adressent à l'Inspecteur d'Académie :

1° Une demande d'admission à la retraite, rédigée sur papier timbré à 0 fr. 60 et adressée à M. le Ministre ;

2° Un extrait de leur acte de naissance sur timbre à 1 fr. 80 et dûment légalisé ;

3° Une déclaration, sur papier libre, faisant connaître le domicile choisi comme résidence (commune, rue et n°) pour y recevoir les arrérages de leur pension ;

4° L'état des services. (Cet état est généralement dressé dans les bureaux de l'Inspection académique et soumis ensuite à la signature de l'intéressé. Mais il est bon pour faciliter les recherches que le fonctionnaire communique ses *arrêtés de nomination*, son *brevet de capacité*, ainsi que les *récépissés de retenues* qui ont pu lui être délivrés par le percepteur *avant 1876*) ;

5° Une note indiquant les six années d'activité pendant lesquelles ils ont été le mieux rétribués ;

6° S'il s'agit d'une institutrice mariée, un extrait de l'acte de mariage, sur timbre et légalisé.

2° Pensions d'ancienneté, avec dispense de la condition d'âge. (Invalidité physique). — Il arrive fréquemment que des instituteurs, qui n'ont pas encore atteint l'âge légal (55 ans) mais qui ont *au moins 25 ans de services*, se trouvent, en raison de leur état de santé, dans l'obligation de solliciter leur admission à la retraite. Ils peuvent être dispensés de la condition d'âge, mais ils doivent justifier qu'ils sont « *hors d'état de continuer leurs fonctions* ». (Loi du 9 juin 1853, art. 5, § 5.)

Pièces à produire. — En conséquence, tout instituteur qui demande sa retraite avant d'avoir 55 ans, et dont « l'incapacité de servir est le résultat de son invalidité physique », doit produire, indépendamment des pièces ci-dessus énumérées (de-

mande d'admission à la retraite, acte de naissance, déclaration d'élection de domicile, état de service, etc.), deux certificats médicaux établissant l'un et l'autre « qu'il est hors d'état
de continuer utilement l'exercice de son emploi ». (Art. 30, § 3
du décret du 9 novembre 1853.)

Le premier certificat est délivré par le médecin qui donne
habituellement ses soins au fonctionnaire en instance de retraite ; le second doit émaner du médecin *assermenté* de l'arrondissement. Les signatures des médecins doivent être légalisées par le maire de la commune.

**3° Pensions proportionnelles pour causes d'infirmi-
tés.** — Certains maîtres contractent de bonne heure dans
l'exercice de leurs fonctions des infirmités graves qui les mettent dans l'impossibilité de continuer leur service. Ces infirmités ont souvent pour causes l'humidité des locaux scolaires,
l'insalubrité du climat, le trop grand nombre d'élèves, etc.
Dans ce cas, ils peuvent obtenir pension s'ils comptent *plus de
15 ans* de services et s'ils ont au *moins 45 ans d'âge*. (Loi du
9 juin 1853, art. 11, § 3.)

Pièces à produire. — Aux termes de l'art. 35, § 2, du décret
du 9 novembre 1853, l'instituteur qui sollicite sa retraite pour
causes d'infirmités, constitue son dossier de la manière suivante :

Aux pièces déjà énumérées (voir 1° Pensions d'ancienneté),
il annexe quatre certificats d'infirmités, savoir :

1° Un certificat du médecin qui lui donne ses soins ;

2° Un certificat du *médecin assermenté* de l'arrondissement ;

3° Un certificat de son supérieur immédiat (Inspecteur primaire) ;

4° Un certificat du maire de la commune où il exerce.

(Faire légaliser la signature de chaque médecin par le
Maire.)

Ces 4 certificats doivent être distincts, la même personne
ne pouvant intervenir à deux titres différents ; ils doivent dé-
montrer le *lien qui peut rattacher la maladie invoquée à l'accomplissement des devoirs professionnels* et certifier que les
infirmités *résultent* de l'exercice même des fonctions et mettent le fonctionnaire dans l'impossibilité de *continuer* ou de
reprendre son service.

Le modèle du certificat que doit délivrer le médecin assermenté est reproduit ci-après :

Certificat d'infirmités (1).

ATTESTATION DU MÉDECIN ASSERMENTÉ.

Je soussigné,
médecin assermenté, désigné par
certifie avoir examiné M.   et avoir constaté
ce qui suit : *(2)*

Aucun des mots de cette fin de certifiez ne doit être changé. Je certifie, en outre, que l'infirmité de M.   résulte de l'exercice de ses fonctions et qu'elle met le fonctionnaire dans l'impossibilité de continuer ou de reprendre son service.

Fait à   , le   190 .
(Signature du Médecin.)

Cette signature doit être légalisée par le Maire de la localité.

4° Pensions exceptionnelles. — Ces pensions sont réglées par l'art. 11 de la loi du 9 juin 1853, et par l'art. 35 du décret du 9 novembre suivant. Nous donnons ci-après à titre d'indication le texte de ces deux articles.

Art. 11, loi. — Peuvent exceptionnellement obtenir pension, quels que soient leur âge et la durée de leur activité :

1° Les fonctionnaires qui auront été mis hors d'état de continuer leur service soit par suite d'un acte de dévouement dans un intérêt public, ou en exposant leurs jours pour sauver la vie d'un de leurs concitoyens, soit par suite de lutte ou combat soutenu dans l'exercice de leurs fonctions ;

(1) *Extrait d'un avis du Conseil d'Etat.* — Il est nécessaire que les circonstances suivantes, si souvent causes d'infirmités inhérentes aux fonctions : humidité des locaux, insalubrité du climat, nombre des élèves de la classe, nécessité de donner de longues explications orales, etc., soient clairement expliquées dans ces pièces, et, notamment en ce qui concerne les causes sus-indiquées, dans les certificats qui émanent du Maire ou du supérieur hiérarchique. Quant aux infirmités dont les causes sont moins apparentes, telles que : névrose ou anémie, maladie de cœur, gravelle, etc., les médecins devront donner un certain développement à leurs attestations et faire ressortir en quoi l'origine même de la maladie peut être imputée aux fonctions exercées par le pétitionnaire.

(2) Aux termes de diverses instructions ministérielles, il est indispensable qu'au moyen d'un développement destiné à éclairer l'Administration, le médecin explique *comment* et *en quoi* les maladies ou infirmités invoquées *résultent de l'exercice des fonctions.*

2° Ceux qu'un accident grave, résultant notoirement de l'exercice de leurs fonctions, met dans l'impossibilité de les continuer.

Art. 35, décret. — .... L'événement donnant ouverture au droit à pension doit être constaté par un procès-verbal en due forme dressé sur les lieux et au moment même où il est survenu. A défaut de procès-verbal, cette constatation peut s'établir par un acte de notoriété rédigé sur la déclaration des témoins de l'événement ou des personnes qui ont été à même d'en connaître et d'en apprécier les conséquences. Cet acte doit être corroboré par les attestations conformes de l'autorité municipale et des supérieurs immédiats du fonctionnaire.

C. — Montant de la pension.

Traitement moyen. — Deux éléments : le traitement et le nombre des années de services servent à déterminer le montant de la pension.

La retraite est calculée sur la moyenne des traitements et émoluments de toute nature, soumis à retenue, dont l'instituteur a joui pendant les six années qui ont produit *le chiffre le plus élevé*. (Loi du 17 août 1876, art. 2.) Elle est réglée, pour chaque année de service, à un cinquantième du traitement moyen. (Loi du 9 juin 1853, art. 7.) Pour vingt-cinq années de services, elle est donc de la moitié du traitement moyen. Chaque année d'exercice en sus donne droit à un accroissement de pension d'un cinquantième du traitement. Mais en aucun cas, cette pension ne peut excéder les 2/3 du traitement moyen. (Loi du 9 juin 1853, art. 7, § 3.)

Ce maximum est atteint avec trente-trois ans et quatre mois de services liquidables.

Services liquidables. — Les services ne sont comptés que de la date du premier traitement d'activité et à partir de *l'âge de vingt ans accomplis*. (Loi du 9 juin 1853, art. 23, § 2.)

Toutefois, les années passées à partir de l'âge de vingt ans, en qualité d'élèves-maîtres dans les écoles normales, sont comprises dans le compte des années de services, lors de la liquidation de la pension de retraite. (Loi du 17 août 1876, art. 2, § 2.)

Les services rendus après l'âge de vingt ans par un instituteur *non pourvu* du brevet de capacité ne sont pas valables pour la retraite (Arrêt du Conseil d'Etat du 28 mai 1880), à

4

moins qu'il n'ait été nommé par l'autorité compétente et rémunéré par un *traitement soumis à retenue*. (Arrêts du Conseil d'Etat des 20 juillet 1875 et 20 novembre 1896.)

Toute interruption de service *sans traitement* ne peut entrer en ligne de compte dans le calcul des années de services liquidables, mais les congés avec traitement ou demi-traitement ne doivent pas être défalqués. Cependant, pour justifier le droit à pension, il importe que tous les services, de quelque nature qu'ils soient, même ceux qui ne paraissent pas réguliers, soient signalés afin de permettre à l'Administration supérieure de se prononcer au sujet de la validité de ces services. (Circulaires des 15 décembre 1880 et 15 mai 1897.)

Calcul de la pension. — Les principes ci-dessus étant posés, il est facile pour tout maître en instance de retraite de déterminer à l'avance le montant de sa pension. Les exemples suivants sont donnés à titre d'indication :

1" exemple. — Un instituteur, que nous supposerons né le 6 décembre 1845, débute dans l'enseignement le 1" octobre 1861 comme élève-maître et exerce sans interruption jusqu'au 30 septembre 1904, date à laquelle il cesse ses fonctions. Ses services liquidables ne courant qu'à partir du 6 décembre 1865, date à laquelle il a vingt ans révolus, il comptera 35 ans 9 mois 25 jours de services effectifs valables pour la retraite. D'autre part, si nous supposons que ce maître a été promu à la 2° classe le 1" janvier 1897, puis à la 1" classe le 1" janvier 1903, son traitement moyen s'établira de la façon suivante : (1). Du 1" octobre 1898 au 31 décem-

bre 1903, ce maître a reçu $1.800 \text{ fr.} \times 4 \text{ ans } 3 \text{ mois} = 7.650 \text{ fr.}$
Du 1" janvier 1903 au 30 sep-

tembre 1904, il a reçu....... $2.000 \text{ fr.} \times 1 \text{ an } 9 \text{ mois} = 3.500 \text{ fr.}$

Total : 11.150 fr.

Le traitement moyen est de 11.150 f. : 6 = 1858 fr. 33.

La pension devrait s'élever à $\dfrac{1.858 \text{ fr. } 33 \times 35 \text{ ans } 9 \text{ mois}}{50} = 1.328 \ 70$

Mais cette pension excède le maximum légal, elle doit donc être réduite aux deux tiers du traitement moyen, soit à $1.858 \text{ fr. } 33 \times 2/3 = 1.238$ francs.

2° exemple. — Un instituteur, né le 11 décembre 1855, entré en fonctions le 13 octobre 1874, cesse tout service le 31 mars

(1) Il demeure bien entendu que les six meilleures années ne sont pas nécessairement les six dernières.

1904. Défalcation faite des services avant vingt ans, il compte 28 ans 3 mois 20 jours de services effectifs admissibles pour la retraite. Ayant été promu à la 3ᵉ classe le 1ᵉʳ janvier 1896 et à la 2ᵉ, le 1ᵉʳ janvier 1903, ses six meilleures années courent du 1ᵉʳ avril 1898.

Du 1ᵉʳ avril 1898 au 31 décembre 1902, il a reçu.......... 1,500 fr. × 4 ans 8 mois = 7.000 fr.

Du 1ᵉʳ janvier 1903 au 31 mars 1904, il a reçu............. 1.800 fr. × 1 an 3 mois = 2.250 fr.

Total..... 9.250 fr.

Son traitement moyen est de : 9.250 fr. : 6 = 1.541 fr. 66.
Le montant de la pension s'élève à :

$$\frac{1.541 \text{ fr. } 66 \times 28 \text{ ans } 3 \text{ mois}}{50} = 871 \text{ fr. } 03.$$

Jouissance de la pension. — La jouissance de la pension commence du jour de la cessation du traitement, ou du lendemain du décès du fonctionnaire. (Loi du 9 juin 1853, art. 25.)

Toutefois, aux termes de l'article 40 de la loi du 16 avril 1895, qui modifie l'article 25 précité, les décrets de concession de pension étant publiés au *Journal Officiel* et insérés au *Bulletin des Lois*, « il ne pourra, en aucun cas, y avoir rappel « de plus de trois années d'arrérages antérieures à la date de « la publication au *Journal Officiel* du décret de concession. »

Mais, d'après un avis du Conseil d'Etat du 27 juillet 1870, cette dernière prescription ne s'applique qu'au fonctionnaire qui n'a pas réclamé dans un délai de plus de trois ans la liquidation de sa pension.

Perte du droit à pension. — Tout fonctionnaire démissionnaire, révoqué, convaincu de malversation, condamné à une peine afflictive ou infamante, perd ses droits à la pension. Mais la remise en activité ou la réhabilitation rétablissent le droit à pension. (Loi du 9 juin 1853, art. 27.)

La perte de la qualité de Français entraîne la suspension du droit à l'obtention ou à la jouissance d'une pension. (Art. 29.)

D. — Pension des veuves.

Les veuves des fonctionnaires *retraités* ou des fonctionnaires décédés en activité de service, mais remplissant les conditions requises pour être retraités, ont droit à une pension pourvu que le mariage ait été contracté 6 ans avant la cessation des fonctions du mari. (Loi du 9 juin 1853, art. 13 ; loi du 28 avril 1893, art. 50 ; loi du 13 avril 1898, art. 44.)

La pension de la veuve est du tiers de celle que le mari avait obtenue ou à laquelle il aurait eu droit. (Loi du 9 juin 1853, art. 13 ; loi du 28 avril 1893, art. 50.)

Le droit à pension n'existe pas pour la veuve dans le cas de séparation de corps prononcée sur la demande du mari. (Loi du 9 juin 1853, art. 13, § 3.)

La pension à laquelle peut prétendre la veuve du fonctionnaire retraité dans les conditions déterminées par les deux premiers paragraphes de l'art. 11 de la loi du 9 juin 1853 (pensions exceptionnelles), est réglée par l'art. 14 de cette même loi.

Pièces à produire. — Le dossier que doit produire la veuve prétendant à pension est constitué différemment suivant que le mari était déjà titulaire d'une pension ou qu'il est décédé en activité de service. (Décret du 9 novembre 1853, art. 32.)

1er cas. — Dans le premier cas il se compose des pièces ci-après énumérées :

PIÈCES A PRODUIRE PAR LES VEUVES DE FONCTIONNAIRES DÉJA TITULAIRES DE PENSIONS.

1° Demande (de la veuve) sur papier timbré à 0 fr. 60. — Cette demande est légalisée par le Maire.

2° Acte de décès du mari.

3° Acte de naissance de la veuve.

4° Acte de célébration du mariage.

> Ces trois pièces doivent être établies sur papier timbré à 1 fr. 80 et dûment légalisées.

5° Certificat de non séparation de corps et de non divorce délivré soit par le Maire sur *l'attestation de* DEUX TÉMOINS *qui signent avec lui*, soit par le juge de paix, ou le greffier du tribunal, et établissant, en outre, que le mari n'a laissé *aucun enfant mineur* NÉ D'UN PRÉCÉDENT MARIAGE. (V. le modèle ci-après.)

(Dans le cas où il y aurait eu séparation de corps, la veuve doit justifier que la séparation a été prononcée sur sa demande.)

6° Indication du lieu où la veuve désire toucher sa pension, rue et numéro ;

7° Copie du titre de pension du mari (*certifiée par le Maire*) ou un certificat du Trésorier-Payeur général du département ou du Receveur particulier de l'arrondissement, faisant connaître le numéro du brevet de pension, la date du décret par lequel il a été délivré, ainsi que le chiffre de la pension.

Nota. — Si l'intéressée est dans l'indigence, les actes de l'état-civil peuvent être produits sur papier libre ; mais il faut alors qu'une mention spéciale soit faite à ce sujet, à la fin de chaque acte.

CERTIFICAT DE NON DIVORCE.

Nous, Maire de la commune de   , assisté de MM. (nom, prénoms, profession et domicile de chaque témoin),

Certifions à qui de droit :

1° Que le mariage contracté entre M. (*nom et prénoms*) et Mᵐᵉ (*nom et prénoms*), n'a pas été dissous par le divorce ;

2° Qu'aucune séparation de corps n'a été prononcée entre ces deux époux ;

3° Qu'il n'existe pas d'enfant mineur né d'un précédent mariage ;

4° Que Mᵐᵉ veuve   est en possession de ses droits civils.

Fait à   le   190 .

Le Maire,   *Les témoins*,

Vu pour légalisation de la signature le M.   Maire de

Le Préfet (ou   Sous-Préfet),

2° cas. — Dans le deuxième cas (veuves de fonctionnaires décédés en activité de service), la veuve produit, outre les six pièces ci-dessus indiquées :

1° L'acte de naissance du mari (sur papier timbré et légalisé) ;

2° L'état des services du mari (cet état est dressé dans les bureaux de l'Inspection académique).

E. — Pension des orphelins.

La loi du 9 juin 1853 (art. 16) ne prévoyait qu'un secours annuel pour les orphelins *mineurs* des fonctionnaires retraités ou se trouvant dans les conditions légales pour jouir d'une pension. L'article 50 de la loi du 29 avril 1893 a modifié sur ce point la législation :

« ... Une *pension temporaire* (égale au tiers de la pension

« produite par la liquidation des services du père), sera ac-
« cordée à l'orphelin ou aux orphelins mineurs du fonction-
« naire, lorsque la mère sera décédée ou inhabile à recueillir
« la succession, ou déchue de ses droits. »

Cette pension est partagée entre les orphelins par portions
égales, et payée jusqu'à ce que le plus jeune des enfants ait
atteint l'âge de vingt et un ans accomplis, la part de ceux qui
décéderaient ou celle des majeurs faisant retour aux mineurs. (Loi du 9 juin 1853, art. 16, § 2.)

S'il existe une veuve et un ou plusieurs enfants mineurs
provenant d'un mariage antérieur du fonctionnaire, il est
prélevé sur la pension de la veuve, et sauf réversibilité en sa
faveur, un quart au profit de l'orphelin du premier lit, s'il
n'en existe qu'un en âge de minorité, et la moitié, s'il en
existe plusieurs. (Même art., § 3.)

Pièces à produire. — Les orphelins qui prétendent à
pension doivent fournir les pièces suivantes :
1° Une demande de pension ;
2° Leur acte de naissance ;
3° L'acte de décès de leur père ;
4° L'acte de célébration du mariage de leurs père et mère ;
5° Une expédition ou un extrait de l'acte de tutelle ;
6° En cas de prédécès de la mère, son acte de décès ;
7° S'il y a lieu, une expédition du jugement qui a prononcé
la séparation de corps ou le divorce ;
8° En cas de second mariage, l'acte de célébration ;
9° Le brevet de pension délivré à leur père, s'il est décédé
en jouissance de pension ;
10° L'acte de naissance du père et l'état de ses services, s'il
est décédé en activité de services. (Décret du 9 novembre 1853, art. 32.)

Actes de l'état civil. Remarque importante. — Il arrive assez fréquemment que, dans les actes de l'état civil (actes
de naissance, de mariage ou de décès), il n'y a pas concor-
dance absolue dans la désignation d'une même personne, soit
que ses prénoms ne soient pas rigoureusement les mêmes, soit
que son nom de famille ait été orthographié de façon diffé-
rente. Dans ce cas particulier, il y a lieu d'annexer au dossier
de retraite un certificat d'identité, lequel est délivré par le
Maire, sur l'attestation de deux témoins.

MODÈLE DE CERTIFICAT D'IDENTITÉ.

Nous, Maire de la commune de   ,
Sur l'attestation de MM. (*nom, prénoms, qualité et résidence* de chaque témoin),

Certifions que M.   , qui est désigné dans son acte de naissance sous les nom et prénoms de   , est la même personne que celle qui est désignée dans l'acte de mariage (ou de décès) sous les nom et prénoms de   .

A   le   190 .

(*Signatures des témoins.*)   (*Signature du Maire.*)

INDEMNITÉ DE LOGEMENT

La loi du 30 octobre 1886 stipule, en son article 14, que « le logement de chacun des membres du personnel enseignant constitue une dépense obligatoire pour les communes ».

D'autre part, la loi du 19 juillet 1889, article 4, met à la « charge des communes le logement des maîtres ou les indemnités représentatives ». L'article 10 de cette dernière loi ajoute : « Indépendamment du traitement fixé aux articles précédents, les instituteurs et les institutrices titulaires ont droit au logement ou à l'indemnité représentative fixée par arrêtés préfectoraux. » Le même droit est concédé aux stagiaires par l'article 11.

Les indemnités de logement varient avec la population de la commune. Le décret du 20 juillet 1894 détermine les chiffres *minima* et *maxima* de ces indemnités.

En voici d'ailleurs le tableau :

		Taux minimum	Taux maximum.
Communes de moins de 1.000 habitants.		75 fr.	125 fr.
— de 1.001 à 3.000 —	.	100	150
— de 3.001 à 9.000 —	,	125	175
— de 9.001 à 12.000 —	.	150	200
— de 12.001 à 18.000 —	.	175	225
— de 18.001 à 36.000 —	.	200	250
— de 36.001 à 60.000 —	.	225	275
— de 60.001 à 100.000 —	.	250	300
— de 100.000 et au-dessus	.	300	400

Les chiffres fixés ci-dessus sont augmentés d'un cinquième pour les directeurs, directrices d'école, les directeurs, directrices, adjoints et adjointes de cours complémentaire, et d'un quart pour les instituteurs mariés ou veufs avec enfants, les institutrices veuves avec enfants et les instituteurs ou institutrices divorcés avec un ou plusieurs enfants à leur charge. (Art. 2 du décret du 20 juillet 1894.)

« Dans le cas où un maître ou une maîtresse déclare être dans l'impossibilité de se loger *convenablement*, moyennant l'indemnité réglementaire, le Préfet fixe, sur le rapport de l'Inspecteur d'académie et après avis du Conseil municipal, le montant de l'indemnité complémentaire. » (Même décret, art. 3, § 3).

Le logement *convenable* mentionné ci-dessus et prévu par la loi du 25 juillet 1893 (art. 48, § 15) fait l'objet, en ce qui concerne sa composition, du décret du 25 octobre 1894.

Dans les communes de moins de 12.000 habitants, il doit se composer au minimum, pour tout instituteur, marié ou non, placé à la tête d'une école, d'une cuisine-salle à manger et de trois pièces à feu. Dans les communes de 12.000 habitants et au-dessus, il doit comprendre une cuisine, une salle à manger et trois pièces à feu.

Le logement de l'instituteur-adjoint marié, titulaire ou stagiaire, doit comprendre au moins une cuisine-salle à manger et deux pièces à feu.

L'adjoint célibataire a droit à deux pièces, dont une à feu.

Les dispositions ci-dessus s'appliquent également aux institutrices. « Toutefois, toute adjointe célibataire, titulaire ou stagiaire, a droit à une cuisine distincte. » (Art. 3).

INDEMNITÉ DE RÉSIDENCE

Les indemnités de résidence dues au personnel des écoles élémentaires ont été mises à la charge des communes par l'article 4 de la loi du 9 juillet 1889. L'article 12 de cette même loi fixe le montant de ces indemnités pour chacune des neuf séries dans lesquelles les communes ont été rangées d'après l'importance de leur population agglomérée.

Les directeurs d'école et le personnel des cours complémentaires (*adjoints* et *adjointes*) ont droit à l'indemnité totale de résidence ; les titulaires ne reçoivent que la moitié de ce maximum, et les stagiaires le quart seulement. (Même article).

Le tableau ci-dessous donne la situation d'ensemble.

				Directeurs.	Titulaires.	Stagiaires.
1re Série.	1.000 à	3.000	habit.	100 fr.	50 fr.	25 fr.
2e —	3.001 à	9.000	—	200	100	50
3e —	9.001 à	12.000	—	300	150	75
4e —	12.001 à	18.000	—	400	200	100
5e —	18.001 à	35.000	—	500	250	125
6e —	35.001 à	60.000	—	600	300	150
7e —	60.001 à	100.000	—	700	350	175
8e —	100.001 et au-dessus .			800	400	200
9e —	Ville de Paris......			2.000	1.000	500

Dans la Haute-Marne, les seules communes où il existe une indemnité de résidence sont les suivantes (les chefs-lieux de canton ayant moins de 1.000 habitants de population agglomérée sont assimilés aux communes de 1.000 à 3.000 habitants (1re série).

1re Série. — Andelot. — Arc-en-Barrois. — Auberive. — Biesles. — Bourmont. — Bussières-les-Belmont. — Chalindrey. — Châteauvillain. — Chevillon. — Clefmont. — Doulaincourt. — Doulevant-le-Château. — Eurville. — Fays-Billot. — Juzennecourt. — Laferté-sur-Amance. — Longeau. — Melay. — Montier-en-Der. — Montigny-le-Roi. — Neuilly-l'Evêque. — Prauthoy. — Poissons. — Rolampont. — Saint-Blin. — Serqueux. — Sommevoire. — Thonnance-les-Joinville. — Varennes-sur-Amance. — Vignory. — Voisey. — Wassy.

Dans ces communes, l'indemnité est de 100 fr. pour les directeurs d'école; de 50 fr. pour les titulaires; et de 25 fr. pour les stagiaires.

2e Série. — Bourbonne-les-Bains. — Joinville. — Langres. Nogent-en-Bassigny.

Les directeurs ont droit à une indemnité de 200 fr.; les titulaires reçoivent 100 fr.; et les stagiaires 50 fr.

3e Série. — Chaumont. — Saint-Dizier.

Dans ces deux villes, les indemnités dues aux directeurs, aux titulaires et aux stagiaires sont respectivement de 300, 150 et 75 fr.

EXEAT

L'exeat est délivré aux titulaires par le Préfet et aux stagiaires par l'Inspecteur d'Académie (Art. 22 du décret du 18 janvier 1887).

Tout maître qui désire quitter le département où il exerce doit s'assurer au préalable : 1° que l'exeat pourra lui être accordé ; 2° qu'un poste pourra lui être confié dans le département où il a l'intention de remplir ses fonctions. Mais il ne doit pas perdre de vue que l'Inspecteur d'Académie, qui a la garde des intérêts généraux du service, est seul juge de l'opportunité d'accueillir ou de rejeter la demande d'exeat, l'intérêt supérieur du service devant nécessairement passer avant l'intérêt particulier des maîtres. Or, au cours de l'année scolaire, il est généralement difficile de donner une suite favorable à une demande d'exeat. Celle-ci ne peut être examinée utilement qu'à l'époque des grandes vacances, c'est-à-dire au moment où les élèves sortant des écoles normales permettent de faire face aux exigences du service.

Il ne semble pas inutile de rappeler à ce sujet que tout instituteur ou toute institutrice, qui a suivi les cours d'une école normale, doit réaliser son engagement décennal dans le département où il a fait ses études. Ce n'est qu'à l'expiration de ses dix années d'exercice qu'il pourra, avec quelque chance de succès, solliciter son exeat.

RÉCOMPENSES HONORIFIQUES

Les récompenses que peuvent recevoir les institutrices et les instituteurs publics sont prévues par l'article 34 de la loi du 30 octobre 1886. Elles consistent en mentions honorables, médailles de bronze et médailles d'argent.

Elles sont décernées par le Ministre, après avis du Conseil départemental.

Le nombre des récompenses à accorder dans chaque département est fixé par l'art. 128 de l'arrêté du 18 janvier 1887, modifié par l'arrêté du 18 janvier 1893.

Il est accordé au plus :

« Une médaille d'argent pour chaque groupe de 300 titulaires et stagiaires, et une en plus pour toute fraction excédant 150 ;

« Une médaille de bronze pour 120 titulaires et stagiaires ;

« Une mention honorable pour 80. »

Pour obtenir la mention honorable, l'instituteur doit compter au moins *5 ans* de service comme titulaire.

Pour obtenir la médaille de bronze, il doit posséder la mention honorable depuis *deux* années au moins.

La médaille d'argent ne peut être concédée que *deux* années au moins après l'obtention de la médaille de bronze (Arrêté du 18 janvier 1887, art. 129).

Cette dernière récompense donne droit à une allocation *annuelle* et *viagère* de 100 francs, non soumise à retenue (Loi du 19 juillet 1889, art. 45). Cette allocation devient « caduque en « cas de révocation ou de démission, à moins que la démis- « sion ne soit fondée sur des raisons de santé reconnues va- « lables par le Conseil départemental. » (Même loi, art. 45, § 2.)

Il a été institué un signe distinctif de la médaille d'argent, consistant en un ruban de couleur violette, avec liserés jaunes, porté sur le côté gauche de la poitrine. (Arrêté du 18 janvier 1893.)

AGE D'ADMISSION DES ÉLÈVES DANS LES ÉCOLES

Ecoles maternelles. — Les écoles maternelles reçoivent les enfants des deux sexes de deux ans révolus jusqu'à l'âge de six ans.

Pour être admis, les enfants doivent : 1° être munis d'un billet d'admission signé du maire ; 2° produire un certificat médical, dûment légalisé, constatant qu'ils ne sont atteints d'aucune maladie contagieuse et qu'ils ont été vaccinés. (Décret du 18 janvier 1887, art. 1er et 3.)

Classes enfantines. — Les enfants sont admis dans ces classes depuis l'âge de 4 ans au moins à 7 ans au plus. (Même décret, art. 2.)

Ecoles primaires élémentaires. — Aux termes de l'art. 28 du décret du 18 janvier 1887, « l'école primaire élémentaire est ouverte aux enfants de 6 ans révolus à 13 ans révolus. »

« Nul ne pourra être admis avant l'âge de 6 ans, s'il existe dans la commune et à proximité une école maternelle publique ; avant l'âge de 7 ans, s'il existe une classe enfantine publique. »

Toutefois, en dehors de ces limites, l'Inspecteur d'Académie peut, à titre exceptionnel et sur le vu d'une demande motivée, autoriser des enfants d'âge extra-scolaire à fréquenter l'école. De plus, dans les communes où il n'existe ni école maternelle ni classe enfantine, l'âge d'admission est abaissé à *cinq ans.*

Cours complémentaires et écoles primaires supérieures. — L'art. 38 du décret précité, modifié par le décret du 21 janvier 1893, stipule « qu'aucun élève ne peut être reçu dans ces établissements s'il ne possède le certificat d'études primaires élémentaires, et s'il ne justifie en outre, par un certificat signé de l'Inspecteur primaire, avoir suivi pendant une année au moins le cours supérieur d'une école primaire élémentaire. »

Sont dispensés de cette dernière condition, les élèves qui ont fait leurs études, soit dans leur famille, soit dans une école privée, mais sous la réserve de justifier qu'ils ont étudié les matières comprises dans le programme du cours supérieur. (Même article, § 2.)

Les prescriptions de l'art. 38 ne sont applicables qu'aux « enfants habitant des localités où l'école possède la série complète des classes correspondant aux trois cours de l'enseignement primaire élémentaire. » (Circulaire du 14 novembre 1893.)

REGISTRE D'APPEL

La tenue du registre d'appel est prescrite par l'art. 10 de la loi du 28 mars 1882.

« Les directeurs et les directrices doivent tenir un registre d'appel qui constate, pour chaque classe, l'absence des élèves inscrits. A la fin de chaque mois, ils adresseront au maire et à l'Inspecteur primaire un extrait de ce registre, avec l'indication du nombre des absences et des motifs invoqués.

« Les motifs d'absence seront soumis à la Commission scolaire. Les seuls motifs réputés légitimes sont les suivants : maladie de l'enfant, décès d'un membre de la famille, empêchements résultant de la difficulté accidentelle des communications. Les autres circonstances exceptionnellement invoquées seront également appréciées par la Commission. »

LAICITÉ DE L'ENSEIGNEMENT PRIMAIRE PUBLIC

Le principe de la neutralité de l'école primaire publique est contenu dans la loi du 28 mars 1882, qui décide en son article 2 :

1° que « les écoles primaires publiques vaqueront un jour par semaine, en outre du dimanche, afin de permettre aux parents de faire donner, s'ils le désirent, l'instruction religieuse à leurs enfants » ;

2° que l'instruction religieuse sera donnée en dehors des édifices scolaires, c'est-à-dire en *dehors de l'école et de ses dépendances.*

D'autre part, l'art. 3 de la dite loi retire « aux ministres des cultes » tout « droit d'inspection, de surveillance et de direction dans les écoles publiques et privées et dans les salles d'asile ».

Enfin, la loi du 30 octobre 1886 porte, en son article 17, que « dans les écoles publiques de tout ordre, l'enseignement est exclusivement confié à un personnel laïque ».

OBLIGATION DE L'ENSEIGNEMENT PRIMAIRE

Le caractère obligatoire de l'enseignement primaire est établi par l'art. 4 de la loi du 28 mars 1882. Cet article est ainsi conçu :

« L'instruction primaire est obligatoire pour les enfants des deux sexes âgés de 6 ans révolus à 13 ans révolus ; elle peut être donnée soit dans les établissements d'instruction primaire ou secondaire, soit dans les écoles publiques ou libres, soit dans les familles, par le père de famille lui-même ou par toute autre personne qu'il aura choisie. »

Ce principe a pour conséquence d'astreindre les personnes responsables des enfants (*père, tuteur, personne qui en a la garde*) à un certain nombre d'obligations, savoir :

a) faire savoir au maire de la commune comment l'enfant sera instruit ;

b) indiquer, s'il y a lieu, l'école choisie ;

c) quand l'enfant quitte l'école, en donner avis au maire ;

d) quand il manque momentanément l'école, faire connaître les motifs de l'absence au directeur ou à la directrice de cette école ;

e) assurer l'assiduité de l'enfant.

OUVERTURE D'ÉCOLE PRIVÉE

Dans presque toutes les communes les instituteurs remplissent les fonctions de secrétaire de mairie. A ce dernier titre, ils ne peuvent pas se désintéresser de la législation concernant les écoles privées et, le cas échéant, ils doivent être pour les Maires de précieux auxiliaires. Il est donc nécessaire qu'ils connaissent aussi exactement que possible les diverses formalités auxquelles donne lieu l'ouverture d'une école privée. Les indications qui suivent pourront leur être de quelque utilité.

« Aux termes de l'article 37 de la loi du 30 octobre 1886, « tout instituteur qui veut ouvrir une école privée doit préalablement déclarer son intention au Maire de la commune « où il veut s'établir, et lui désigner le local.

« Le maire remet *immédiatement* au postulant un récépissé « de sa déclaration et fait afficher celle-ci à la porte de la « mairie, pendant un mois. »

La déclaration est inscrite sur un registre spécial et doit être signée sur le registre par le déclarant et par le Maire, qui en fait immédiatement établir *quatre copies* sur papier libre. (Décret du 18 janvier 1887, art. 158.)

Le Maire peut faire opposition à l'ouverture de l'école privée, mais il ne peut le faire que « pour des raisons tirées de « l'intérêt des bonnes mœurs ou de l'hygiène ». Dans ce cas, son opposition doit être formée *dans les huit jours* qui suivent la déclaration. Le délai de 8 jours court à dater du jour même de la déclaration.

L'opposition du Maire est notifiée en même temps au déclarant, à l'Inspecteur d'Académie et au Préfet. L'acte d'opposition doit faire *mention des motifs* de l'opposition ; l'omission de cette formalité est une cause de nullité. L'acte d'opposition signifié au déclarant doit être rédigé *dans les mêmes termes*, sous peine de nullité, que l'acte notifié aux autorités compétentes. (Circulaire du 31 mai 1889.)

L'opposition est jugée par le Conseil départemental dans le délai d'un mois à dater du jour de l'opposition.

Si elle est rejetée par cette assemblée, le Maire peut interjeter appel *dans les 10 jours* qui suivent la notification de la décision du Conseil départemental. L'appel est adressé à l'Inspecteur d'Académie et soumis au Conseil supérieur de l'Instruction publique lors de sa plus prochaine session.

« En aucun cas, l'ouverture de l'école ne pourra avoir lieu « avant la décision d'appel. » (Loi du 30 octobre 1886, art. 39.)

Quand aucune opposition n'est formée, l'école privée s'ouvre purement et simplement à l'expiration du mois. (Loi du 30 octobre 1886, art. 38.)

En cas d'opposition, l'école ne peut s'ouvrir qu'après le jugement du Conseil départemental, si toutefois cette assemblée lève l'opposition ; s'il y a appel, l'ouverture ne peut avoir lieu qu'après la décision du Conseil supérieur.

LA RESPONSABILITÉ CIVILE DES INSTITUTEURS

Les accidents qui surviennent parfois dans les écoles peuvent engager la responsabilité du maître.

La responsabilité civile de l'instituteur subsiste entière quand le dommage est causé par son fait personnel, faute, imprudence, négligence, inobservation des règlements. Les prescriptions édictées par les articles 1382, 1383 du Code civil et 319 du Code pénal, dont on trouvera ci-après la teneur, lui sont applicables.

Art. 1382. — « Tout fait quelconque de l'homme qui cause à autrui un dommage oblige celui par la faute duquel il est arrivé à le réparer. »

Art. 1383. — « Chacun est responsable du dommage qu'il a causé, non seulement par son fait, mais encore par sa négligence ou par son imprudence. »

Art. 319 (Code pénal). — « Quiconque, par maladresse, imprudence, inattention, négligence et inobservation des règlements, aura commis involontairement un homicide ou en aura été involontairement la cause, sera puni d'un emprisonnement de 3 mois à 2 ans, et d'une amende de 50 à 600 francs. S'il n'est résulté du défaut d'adresse ou de précaution que des blessures ou coups, le coupable sera puni de 6 jours à 2 mois d'emprisonnement et d'une amende de 16 à 100 francs ou de l'une des deux peines seulement. »

Ces prescriptions déjà fort rigoureuses ne visent que le fait personnel du maître, tandis que l'ancien article 1384 du Code civil, dont la teneur suit, permettait de poursuivre l'instituteur dans tous les cas.

Art. 1384. — « On est responsable non seulement du dommage que l'on cause par son propre fait, mais encore de celui qui est causé par le fait des personnes dont on doit répondre ou des choses que l'on a sous sa garde. — Le père, et la mère après le décès du mari, sont responsables du dommage causé par leurs enfants mineurs habitant avec eux; les maîtres et les commettants, du dommage causé par leurs domestiques et préposés dans les fonctions auxquelles ils les ont employés; les *instituteurs* et les artisans, du dommage causé par leurs élèves et apprentis pendant le temps qu'ils sont sous leur surveillance. La responsabilité ci-dessus a lieu, à moins que les père et mère, instituteurs et artisans, ne prouvent qu'ils n'ont pu empêcher le fait qui donne lieu à cette responsabilité. »

Cet ensemble de dispositions constituait assurément une jurisprudence fort rigoureuse qui ne manqua pas de provoquer une légitime émotion dans le personnel enseignant tout entier. Aussi le Parlement fut-il amené à voter la loi du 20 juillet 1899 qui modifie comme il suit l'article 1384 du Code civil.

Art. 1er. — La disposition suivante est ajoutée au dernier alinéa de l'article 1384 du Code civil : « Toutefois, la responsabilité civile de l'Etat est substituée à celle des membres de l'enseignement public. »

Art. 2. — L'action en responsabilité contre l'Etat, dans le cas prévu par la présente loi, sera portée devant le tribunal civil ou le juge de paix du lieu où le dommage aura été causé et dirigée contre le Préfet du département.

« Désormais — dit Gobron(1) — l'Etat est civilement respon-
« sable de tous les dommages causés par le fait des élèves des
« écoles publiques. Les maîtres ne sont plus de ce fait expo-
« sés aux poursuites des familles : ils ne sont responsables
« que vis-à-vis de l'Etat et seulement dans le cas où ils se
« seraient rendus coupables d'une faute appréciable dans le
« service. »

Les débats parlementaires qui ont précédé le vote de la loi précitée ne sont pas sans intérêt et les quelques extraits rapportés ci-après jetteront sans nul doute quelque lumière sur les conséquences et la portée de la nouvelle jurisprudence.

Le rapporteur de cette loi s'exprime ainsi : « La personne
« lésée n'assignera l'instituteur que si celui-ci a commis une
« faute : mais alors c'est l'art. 1382, 1383, ou 319..... Ou il y
« a faute personnelle caractérisée, et c'est l'instituteur qu'on
« doit actionner, et non l'Etat ; ou il n'y a pas faute personnelle
« caractérisée, et c'est l'Etat qui doit être assigné. »

Interrogé sur ce qu'il fallait entendre par *faute personnelle*, le Ministre fit cette déclaration : « C'est, selon la règle ordi-
« naire, aux tribunaux qu'il appartiendra de dire dans quel
« cas il y aura faute personnelle : les tribunaux seuls ont
« qualité pour trancher la question. » Puis, comme on lui demandait si le défaut de surveillance est une faute personnelle, il répondit : « Oui, dans le cas où ce défaut de surveil-
« lance est le fait de la négligence personnelle du maître. »

Un sénateur ayant dit : « Toutes les fois que l'instituteur sera en faute, il sera personnellement responsable du dommage causé aux personnes qui seront sous sa surveillance », le rapporteur de la loi ajouta : « A condition d'établir la faute. Si l'on peut prouver que l'instituteur n'a pas exercé la surveillance qu'il était de son devoir d'exercer, il sera responsable ; seulement il ne se trouvera plus sous le coup de la présomption légale, il faudra prouver la faute. »

(1) Docteur en droit, rédacteur au ministère de l'Instruction publique, auteur de : « Législation et jurisprudence de l'enseignement public et privé. »

En ce qui concerne la responsabilité de l'Etat, elle « est
« limitée, déclara le Ministre, au temps consacré à l'enseigne-
« ment obligatoire, y compris le temps consacré aux récréa-
« tions et à la surveillance prévues par les règlements scolai-
« res..... Je suppose que l'école ouvrant à deux heures, des
« enfants pénètrent dans la cour de l'école à midi et demie,
« une heure. A ce moment là, la surveillance légale du maître
« ne s'exerce pas et, si un accident survient, je ne crois pas
« que l'Etat puisse être tenu pour responsable. »

Enfin, lors de la discussion du budget de 1903, le vote d'un
crédit de 10.000 francs pour « dépenses résultant pour l'Etat
de la loi du 20 juillet 1899 sur la responsabilité des membres
de l'enseignement primaire » a fourni à M. Carnaud l'occasion d'interroger M. le Ministre sur le point suivant :

« *M. Carnaud.* — Monsieur le Ministre, il paraît que votre
« administration a interprété de la façon suivante les condi-
« tions dans lesquelles l'Etat doit se substituer aux maîtres
« primaires dans le cas où des accidents se produisent dans
« leurs écoles, entraînant leur responsabilité civile : Lorsque
« les instituteurs et les institutrices font une surveillance en
« dehors des heures de classe, lorsque par exemple ils vien-
« nent prendre leur service à sept heures et demie au lieu de
« huit heures, pour surveiller leurs élèves, lorsqu'ils retiennent
« ces élèves en dehors des heures de classe après quatre heures
« et demie et après onze heures du matin, prenant ainsi sur leur
« temps à eux pour se dévouer à des œuvres complémentaires de
« l'école, si un accident vient à se produire, votre administra-
« tion affirme que l'Etat n'a pas à se substituer aux instituteurs
« et aux institutrices devant la justice. Dans ces cas détermi-
« nés ils ont à supporter des frais de procès quelquefois
« écrasants et des condamnations excessives. — C'est votre
« administration, Monsieur le Ministre, qui a interprété
« ainsi l'affectation qu'elle devait donner aux fonds inscrits
« au chapitre 97.

« *M. le Ministre de l'Instruction publique.* — Notre pensée
« a été de prévoir un chapitre en vue de parer aux responsa-
« bilités que l'article 1384 du Code civil mettait à la charge
« des instituteurs. Il s'agit d'assurer l'application de la nou-
« velle loi. Lorsque les instituteurs encourront une respon-
« sabilité du fait de cet article, l'Etat leur viendra en aide
« grâce au crédit prévu dans ce chapitre, mais qui n'est
« indiqué, je le répète, qu'à titre de prévision. (*Très bien !*)

« *M. le Président de la Commission du budget.* — Ce n'est
« pas évidemment — tel est certainement l'avis de M. le Mi-
« nistre — quand l'instituteur se dévoue pour prolonger les
« classes ou les récréations, que sa responsabilité ne sera pas
« mise à couvert par l'Etat. M. le Ministre accepte évidem-
« ment le sens des déclarations de M. Carnaud.

« *M. Carnaud.* — Je suis heureux de la déclaration de M. le
« président de la Commission du budget et de M. le Ministre ;
« elle était attendue des instituteurs depuis longtemps et il
« était nécessaire qu'elle fût faite. »

ENSEIGNEMENT DU CATÉCHISME

Il arrive assez souvent que, dans les localités où « existent
simultanément des écoles publiques laïques et des écoles
privées congréganistes, les desservants choisissent les locaux
de ces dernières écoles pour y donner l'enseignement du
catéchisme à tous les enfants de la paroisse ».

Cette manière de procéder « est contraire aux lois et règlements qui régissent la matière, et l'Administration ne saurait
admettre que l'enseignement du catéchisme pût se faire en
dehors de l'église ou de ses dépendances immédiates ». (Circulaire du Directeur des Cultes, en date du 29 janvier 1890.)

Ces prescriptions sont formelles et les desservants sont
tenus de s'y conformer. Mais, comme elles ne visent que ces
derniers, il a été constaté que dans certaines localités le personnel des écoles privées se substituait parfois aux desservants
pour l'enseignement du catéchisme. C'est encore là une irré-
gularité que l'Administration ne saurait tolérer. A la date du
3 juin 1901, M. le Ministre de l'Instruction publique écrivait,
en effet, à M. le Préfet de la Drôme la lettre suivante :

« MONSIEUR LE PRÉFET,

« En réponse à ma lettre du 11 mai 1901, vous me faites savoir
que le desservant de C... a cessé de faire le catéchisme aux enfants de la commune dans une pièce de l'école privée congré-
ganiste, mais que la Directrice de l'établissement a néanmoins
reçu, du 18 au 23 mars inclus, dans son école, l'après-midi,

pendant les heures de classe, les enfants de l'école publique sous prétexte de leur enseigner le catéchisme.

« Je vous prie de rappeler à cette institutrice qu'elle n'a pas le droit de faire venir ainsi les élèves de l'école publique dans son école et de l'informer que, dans le cas où elle ne se conformerait pas aux instructions que vous lui donnerez, elle serait traduite devant le Conseil départemental de l'enseignement primaire pour faute grave dans l'exercice des fonctions, conformément à l'article 41 de la loi du 30 octobre 1886. »

SOCIÉTÉS SCOLAIRES

Les formalités prescrites autrefois pour constituer une Association quelconque, Société de tir, de gymnastique, amicale d'anciens élèves, etc., sont abrogées par la loi du 1" juillet 1901, qui décrète l'absolue liberté des Associations.

Mais celles qui veulent avoir la capacité juridique doivent se conformer aux prescriptions de l'article 5 de cette loi, ainsi que le rappelle la circulaire suivante de M. le Ministre de l'Intérieur :

Le Président du Conseil, Ministre de l'Intérieur et des Cultes à Messieurs les Préfets.

« Je suis fréquemment saisi de demandes de subventions ou de récompenses formées par des Sociétés de tir ou de gymnastique qui n'ont pas souscrit la déclaration prévue par l'article 5 de la loi du 1" juillet 1901. Ces Associations ont d'ailleurs été, le plus souvent, autorisées par des arrêtés préfectoraux ou ministériels antérieurs à la loi précitée. Mais, par suite des changements de législation, ces arrêtés sont devenus sans valeur, puisqu'ils avaient simplement pour effet de soustraire les Associations qui les avaient obtenus à l'application des articles 291 et 292 du Code pénal. Par suite, les anciennes Associations autorisées, qui n'ont pas fait de déclaration, ne peuvent plus invoquer les arrêtés d'autorisation dont elles ont bénéficié et se trouvent régies, désormais, par l'article 2 de la loi du 1" juillet 1901, qui leur refuse la capacité juridique.

« Il importe, dans l'intérêt même des Sociétés de tir et de gymnastique, qui peuvent se trouver exposées à intenter des actions judiciaires ou à y défendre, notamment en matière de responsabilité civile, d'acquérir une personnalité distincte de celle de leurs membres. D'autre part, lorsqu'elles reçoivent des subventions de l'Etat, des départements ou des communes, il est nécessaire que les sommes allouées prennent le caractère de deniers sociaux et ne puissent être revendiquées par les membres de la Société, en cas de dissolution, comme leur appartenant individuellement. Aussi, comme la formalité imposée par l'article 5 de la loi du 1ᵉʳ juillet 1901 est facile à remplir et ne peut causer aucune gêne aux Associations, mon Administration a-t-elle décidé d'écarter provisoirement toutes les demandes qui lui seraient adressées en faveur de Sociétés de tir ou de gymnastique non déclarées. »

Voici le texte de l'article 5 sus-mentionné :
« Art. 5. — Toute Association qui voudra obtenir la capacité juridique prévue par l'article 6 devra être rendue publique par les soins de ses fondateurs. La déclaration préalable en sera faite à la Préfecture du département ou à la Sous-Préfecture de l'arrondissement où l'Association aura son siège social. Elle fera connaître le titre et l'objet de l'Association, le siège de ses établissements et les noms, professions et domicile de ceux qui, à un titre quelconque, sont chargés de son administration ou de sa direction. Il en sera donné récépissé.

« Deux exemplaires des statuts seront joints à la déclaration.

« Les Associations sont tenues de faire connaître, dans les trois mois, tous les changements survenus dans leur administration ou direction, ainsi que toutes les modifications apportées à leurs statuts. Ces modifications et changements ne sont opposables aux tiers qu'à partir du jour où il auront été déclarés. Les modifications et changements seront, en outre, consignés sur un registre spécial qui devra être présenté aux autorités administratives ou judiciaires chaque fois qu'elles en feront la demande. »

MANIFESTATIONS OU VIOLENCES DIRIGÉES CONTRE LE PERSONNEL ENSEIGNANT.

Paris, le 25 mars 1903

Le Président du Conseil, Ministre de l'Intérieur et des Cultes, à Messieurs les Préfets.

Des débats récents au Parlement ont fait ressortir les procédés odieux dont un instituteur avait été victime. Je suis informé que ce fait ne serait pas isolé : dans plusieurs départements des instituteurs se verraient l'objet de vexations, de tracasseries et même de violences ; des manifestations injurieuses seraient publiquement organisées contre eux, avec sinon l'approbation, du moins la complicité tacite des chefs des municipalités.

Il importe que l'autorité supérieure mette un terme à cet état de choses, au moment surtout où l'application ferme des lois scolaires et de la loi sur les associations est l'occasion d'un redoublement d'hostilité de la part des adversaires de l'enseignement laïque. Il n'est pas admissible, en effet, que les représentants officiels de cet enseignement ne trouvent pas auprès des magistrats chargés du maintien de l'ordre public toute la protection à laquelle ils ont droit. Cette protection, qui ne doit faire défaut à aucun citoyen, est due, à plus forte raison, à ces modestes fonctionnaires investis de la difficile mission d'élever nos enfants et d'en faire des citoyens utiles et dévoués à la République.

C'est pourquoi, Monsieur le Préfet, je vous invite, de la façon la plus formelle, à veiller à ce que les maires remplissent sans faiblesse toutes les obligations qui leur incombent en leur double qualité de magistrats chargés de la police municipale et d'officiers de police judiciaire. Cette double qualité leur fait un devoir d'assurer l'entière sécurité de leurs concitoyens et de seconder l'œuvre de la justice par la constatation et la recherche des crimes et délits.

Je n'hésiterais pas à sévir contre ceux d'entre eux qui, par leur inertie, se rendraient complices de manifestations ou de violences dirigées contre le personnel enseignant.

Vous voudrez bien, Monsieur le Préfet, insérer la présente

circulaire dans le prochain Bulletin des Actes administratifs de votre Préfecture et m'en accuser réception sous le timbre « Cabinet, Affaires politiques ».

Le Président du Conseil,
Ministre de l'Intérieur et des Cultes,
E. COMBES.

CIRCULAIRE RELATIVE A LA NEUTRALITÉ RELIGIEUSE

Paris, le 9 avril 1903.

Monsieur le Préfet,

Mon attention a été attirée, dans ces derniers mois, par les difficultés que soulève, dans la pratique, la question délicate des rapports des établissements publics secondaires et primaires avec les diverses confessions religieuses.

En ce qui concerne l'enseignement secondaire, cette question a été sagement réglée par un de mes prédécesseurs, Paul Bert, dans le décret du 24 décembre 1881 et la circulaire du 24 janvier 1882 qui ne donnent lieu à aucune ambiguïté.

J'ai eu récemment l'occasion d'inviter le Recteur et les Inspecteurs généraux à en rappeler les prescriptions aux chefs d'établissements et à s'assurer qu'elles sont rigoureusement suivies.

Pour ce qui est de l'enseignement primaire, la matière est plus complexe. Plusieurs Conseils départementaux m'ont signalé des interprétations incorrectes et abusives données aux textes des lois, décrets et circulaires qui la réglementent. C'est pourquoi il me paraît nécessaire d'en rappeler l'esprit et d'en préciser le sens sur les points où cet esprit a pu s'obscurcir et où ce sens a pu prêter à des incertitudes.

La pensée constante de mes prédécesseurs a été d'assurer la neutralité de l'école, de la dégager des liens confessionnels qui ont pendant des siècles pesé sur elle, de séparer nettement le domaine de l'Eglise et celui de l'enseignement de l'Etat, persuadés que la paix des consciences et la bonne harmonie des citoyens ne peuvent être assurées qu'au prix de cette délimitation rigoureuse.

Cette pensée est aussi la mienne : c'est d'elle que s'inspirent toutes les instructions qui suivent.

I. — La suppression de l'enseignement confessionnel dans les écoles publiques a été réalisée par la loi du 28 mars 1882, qui a omis sciemment l'enseignement religieux dans l'énumération des matières obligatoires enseignées à l'école primaire (art. 1er).

Le curé n'est pas compris dans l'énumération des personnes qui peuvent avoir accès dans l'école et qui figurent à l'article 9 de la loi du 30 octobre 1886 et à l'article 145 du décret du 18 janvier 1887.

II. — L'instituteur n'a ni qualité ni compétence pour donner à la place du curé ou de son préposé l'enseignement du catéchisme. Il ne peut le faire répéter ni pendant les heures réglementaires de l'école qui doivent être consacrées intégralement à l'enseignement fixé par les programmes, ni dans les locaux affectés à cet enseignement.

Les mêmes locaux ne peuvent servir à aucune cérémonie cultuelle.

III. — Les emblèmes religieux, de quelque nature qu'ils soient (crucifix, images, statues), ne doivent pas figurer dans les locaux scolaires. Toutefois le Gouvernement a toujours admis en cette matière certain tempérament. La règle qu'il a suivie a été exposée dans la circulaire du 2 novembre 1882 : « Il n'y a qu'une manière — dit mon prédécesseur — de bien appliquer la loi scolaire, c'est de l'appliquer « dans l'esprit « même où elle a été votée... non comme une loi de combat « dont il faut violemment enlever le succès, mais comme une « de ces grandes lois organiques qui sont destinées à vivre « avec le pays, à entrer dans ses mœurs, à faire partie de son « patrimoine. »

Si donc il a été constamment recommandé aux préfets de veiller à ce qu'aucun emblème religieux ne fût introduit dans les bâtiments neufs et dans ceux où des appropriations nouvelles nécessitent un remaniement des locaux ou le changement du matériel de classe, il leur a été prescrit d'autre part de ne procéder à l'enlèvement desdits emblèmes dans les écoles anciennes qu'avec toute la prudence et le respect désirables, là où on ne risquait pas de choquer ouvertement le sentiment des populations, et en ayant soin de profiter des époques réglementaires des vacances, afin d'éviter toute agitation et tout scandale.

IV. — L'Etat a le devoir d'assurer à la fois le libre exercice de la religion des enfants qui lui sont confiés et le respect absolu de la liberté de conscience du maître. Agir autrement serait violer la neutralité qui est son principe.

La loi du 28 mars 1882 et le règlement scolaire répondent à cette nécessité. Il importe d'en rappeler les principales dispositions : « Les écoles primaires vaqueront un jour par semaine, « en outre du dimanche, afin de permettre aux parents de faire « donner, s'ils le désirent, à leurs enfants l'éducation religieuse, « en dehors des édifices scolaires. »

Article 5 du règlement : « Les enfants ne pourront sous « aucun prétexte être détournés de leurs études pendant la « durée des classes. Ils ne seront envoyés à l'église pour les « catéchismes qu'en dehors des heures de classe. » L'application de cet article a donné lieu à des difficultés à un double point de vue : en ce qui concerne les heures d'enseignement du catéchisme et le local où cet enseignement est donné.

Il a été constaté que trop souvent le curé ou desservant fixe le catéchisme à des heures où les enfants doivent être en classe. Cette infraction a été signalée aux évêques par l'intermédiaire de l'Administration des cultes. Chaque fois qu'elle se produira, l'instituteur, sans entrer de sa personne en conflit avec le curé de la commune, devra en avertir l'Inspecteur primaire, qui transmettra, par voie hiérarchique, sa plainte au Préfet.

Parfois aussi le curé, au lieu de réunir les enfants pour le catéchisme dans l'église ou ses dépendances immédiates, les force à recevoir l'enseignement religieux dans le local de l'école privée. L'instituteur ne doit pas le permettre. Une circulaire du Ministre des Cultes, en date du 29 janvier 1890, invite d'ailleurs les préfets à rappeler aux ecclésiastiques qu'il leur est défendu de faire le catéchisme dans un local autre que l'église et ses dépendances immédiates.

V. — L'instituteur, usant de la liberté garantie à tous les citoyens, libre de satisfaire, à titre privé et s'il le juge à propos, à tous les devoirs de la religion à laquelle il appartient, ne peut participer comme instituteur, du fait de ses fonctions et à la tête de ses élèves, aux manifestations extérieures du culte et notamment aux processions qui sont en usage dans certaines communes.

Le règlement scolaire (art. 5), après avoir arrêté que les enfants ne seront envoyés à l'église pour le catéchisme qu'en dehors des heures de classe, ajoute : « l'instituteur n'est pas tenu de les y conduire. » Le directeur ne peut davantage contraindre à ce service les adjoints.

Toutefois réserve est faite pour le cas prévu par l'article 9, quand « les enfants qui ne sont pas rendus à leur famille dans l'intervalle des classes demeurent sous la surveillance de l'instituteur jusqu'à l'heure où ils quittent définitivement la maison d'école ». Pendant tout le temps qu'ils y demeurent, l'instituteur reste substitué à la famille.

L'article 5 *in fine* réserve un second cas : « Pendant la se-« maine qui précède la première communion, l'instituteur « autorisera les élèves à quitter l'école aux heures où leur « devoir religieux les appelle à l'église. »

VI. — Dans les écoles auxquelles sont annexés des internats, aucun des services relatifs à ce régime ne peut être imposé au personnel enseignant attaché à l'externat. Cependant l'Inspecteur d'académie peut autoriser un ou plusieurs maîtres à se charger du service supplémentaire, en dehors des heures de classe, moyennant une rémunération ou en échange d'avantages consentis par la direction (art. 6 du décret du 16 janvier 1894).

Dans ces internats, les « pères de famille seront toujours « consultés sur la participation de leurs enfants aux exerci-« ces du culte ; toutes facilités seront données aux élèves pour « se conformer sur ce point aux volontés de leur famille, « sans que les études puissent en souffrir quelque détriment « (art. 5 du règlement du 29 décembre 1888) ».

Dans ces établissements, les maîtres chargés de la surveillance et qui en ont accepté les conditions ne peuvent se soustraire à l'obligation d'accompagner les élèves aux offices aux heures prescrites par le directeur.

Il en est de même dans les écoles normales de filles où les élèves-maîtresses, sur la demande des parents, doivent être conduites le dimanche à la messe (décret du 18 janvier 1887, art. 83).

Dans les écoles normales d'instituteurs, les élèves-maîtres qui sortent seuls ont toute facilité pour suivre, comme ils le veulent et comme ils l'entendent, les pratiques de leur culte.

Je crois avoir abordé les principales difficultés que soulève la question visée par cette circulaire. Au cas où de nouvelles difficultés d'espèce viendraient à se présenter, je vous prie de me les signaler ; elles feraient l'objet de solutions particulières.

Recevez, Monsieur le Préfet, l'assurance de ma considération très distinguée.

Le Ministre de l'Instruction publique
et des Beaux-Arts,
Signé : J. CHAUMIÉ.

LA RÉFORME DES ÉCOLES NORMALES

Le *Siècle*, dans ses numéros des 10, 24, 29 avril et 1ᵉʳ mai 1904, a publié, sous la signature de MM. Raoul Allier et Ferdinand Buisson, un certain nombre d'articles relatifs aux écoles normales. La question agitée est assez intéressante et soulève un problème assez délicat pour mériter d'être placée sous les yeux du personnel enseignant. Sans nul doute, les instituteurs et les institutrices, que la réforme des écoles normales ne saurait laisser indifférents, liront avec intérêt et méditeront peut-être les quatre articles reproduits ci-après :

Ecoles normales. — M. F. Buisson traitait récemment, dans le *Siècle*, une des questions les plus graves qui se posent pour l'avenir de l'enseignement laïque dans notre pays. Nous laïcisons les écoles. C'est bien. Mais où trouvera-t-on les maîtres et les maîtresses qu'il nous faut en nombre plus considérable que jamais ? Et, surtout, comment les aura-t-on préparés à leur tâche ? D'aucuns pensent surtout aux nécessités budgétaires auxquelles il s'agit de faire face. Il est peut-être encore plus important de se demander à quel personnel l'on va confier l'instruction primaire de la jeunesse française.

M. F. Buisson répond à cette préoccupation en proposant une réforme profonde. Il demande que, désormais, tous les instituteurs et toutes les institutrices aient passé par les écoles normales. Le projet est aussi radical que possible. Je ne dissimulerai point que, fermant la porte à toutes les exceptions, il me paraît beaucoup trop absolu. Mais, dans le fond, l'honorable député de Paris a parfaitement raison. Les écoles normales, depuis trop longtemps, ne jouent pas, dans le recrutement des éducateurs de notre démocratie, le rôle qui devrait être le leur.

Partout où l'Etat tient à assumer avec sérieux la charge de l'enseignement primaire, il compte surtout sur la collaboration des écoles normales. Le *School Journal* (américain) du 9 janvier dernier publiait un rapport sur ce qui se passe en Allemagne. On y lit : « Le point le plus fort de l'enseignement primaire allemand est dans le personnel des instituteurs. Ils sont formés dans les écoles normales, qui sont au nombre de

129 en Prusse (120 pour les hommes et 9 pour les femmes). Le cours d'études y est de trois ans ; mais, en réalité, il dure plus de six ans, car l'école normale est précédée d'une préparation de trois années dans des établissements qui sont entretenus soit par l'Etat, soit par les municipalités. En Saxe, les six années sont entièrement passées à l'école normale. Les nominations au poste d'instituteur sont faites à la suite et à la fin des trois années d'études à l'école normale. »

En Italie, les progrès de l'enseignement primaire — malgré des résultats encourageants — sont encore loin d'être comparables à ceux accomplis en d'autres pays. Mais il est remarquable que, pour obtenir ces progrès, le gouvernement a porté l'essentiel de ses efforts sur les écoles normales. En 1871, ces écoles n'étaient qu'au nombre de 115 avec 6.130 élèves. Je n'ai pas les dernières statistiques. Mais, il y a trois ans, ces écoles était au nombre de 150 avec 21.488 élèves des deux sexes.

En France, les créateurs de notre système scolaire actuel avaient bien compris cette nécessité d'organiser des pépinières d'éducateurs. La loi de 1886 déclare que le recrutement du personnel enseignant se fera d'abord parmi les élèves des écoles normales, que l'inspecteur d'académie nommera seul les stagiaires et qu'enfin le préfet devra choisir parmi ces derniers tous les titulaires. Il est possible que cette loi excellente ait été appliquée pendant quelques mois. Encore n'en suis-je pas sûr. Il n'est que trop certain qu'elle a été violée presque dès le début. Elle l'a été de plus en plus. A cette heure, tout est à recommencer.

Dès 1895, on constatait officiellement que, dans tel département, la proportion des instituteurs et institutrices étrangers aux écoles normales et placés dans le cours de l'année était de 64 0/0. On était obligé de noter que ce cas était loin d'être exceptionnel. En 1896, la Chambre des députés faillit consacrer l'état de choses qui se préparait. Le rapporteur du budget, d'accord avec le ministre de l'instruction publique, proposait la réduction d'un certain nombre d'écoles normales et obtenait de ce chef une économie de 200.000 francs. Par bonheur, sur une protestation de M. Alexandre Bérard, appuyé par M. Joseph Jourdan, la Chambre rétablit le crédit. Hélas ! beaucoup de ceux qui avaient émis ce vote de principe recommencèrent le lendemain à solliciter des préfets la nomination de candidats qui leur étaient recommandés et qui n'étaient point passés par les écoles normales.

Cela nous a conduits à une situation que les esprits clairvoyants ne cessent, depuis longtemps, de signaler avec insistance. M. Buisson pouvait écrire, il y a quelques mois, dans le *Manuel général de l'instruction primaire* : « Les écoles normales ne fournissent pas même, à l'heure présente, beaucoup plus que la moitié du personnel qui entre dans les écoles publiques. Si l'effectif des écoles normales n'était pas considérablement augmenté quand le flot de la laïcisation va battre son plein, normaliens et normaliennes ne représenteraient plus qu'une très faible minorité du personnel. » Il nous manquait, pourtant, une statistique générale qui permît de préciser l'étendue de ce mal.

Cette statistique vient d'être établie par M. Baron, ancien président de l'« Amicale » de l'Aude. Il a dressé, pour soixante-quinze départements, le tableau comparatif des instituteurs ou institutrices formés par les écoles normales et de ceux qui ont été préparés on ne sait où ni comment. Dans quatorze départements, la proportion des normaliens ou normaliennes pour *mille* maîtres et maîtresses varie entre 146 (Côtes-du-Nord) et 100 (Indre-et-Loire). Pour les 61 autres départements, elle descend de 99 (Vienne) à 31 pour *mille* (Seine). Dans le département de l'Aude, qu'il a pu étudier de façon plus particulière, M. Baron a relevé que, du 1er octobre au 31 juillet 1903, il avait été procédé à 44 nominations de maîtres nouveaux sur lesquels 17 seulement sortaient des écoles normales. Les 27 autres arrivaient d'un peu partout, et plusieurs, probablement, des maisons d'en face.

Qu'arrivera-t-il quand la disparition des écoles congréganistes sera un fait accompli ? Il est difficile de dire, à cette heure, combien l'on devra ouvrir d'écoles nouvelles et combien d'emplois nouveaux seront nécessaires. Le ministre de l'instruction publique a déclaré à la commission de l'enseignement qu'il faudra, en plus du personnel actuel, 1,519 maîtres pour les écoles de garçons et 5,963 maîtresses pour les écoles de filles.

Ce jour-là, le péril, si bien signalé par M. Buisson dans le *Siècle*, apparaîtra dans toute sa réalité tragique. Devant ces faits menaçants, à quel parti faudra-t-il se résoudre ?

La première réponse qui se présente à l'esprit est simple. Il n'y a qu'à rendre indispensable, pour tous les candidats à un poste dans l'instruction primaire, le passage par les écoles normales. La proposition est claire. Elle est peut-être soutenable *in abstracto*. Mais elle se heurte à deux objections graves. D'abord il y a toujours un inconvénient de principe à multiplier les monopoles. Il n'y a pas, en France, que des établissements suspects qui pourront fournir des instituteurs et des institutrices. Il n'est pas bon de fermer la porte, par une loi, à des exceptions qui seraient peut-être heureuses. Et puis rien ne prouve que les jeunes gens se porteront en foule vers les écoles normales en possession de ce privilège. Ils n'iront à elles que si les fonctions de l'enseignement leur paraissent désirables. Et il semble bien qu'elles n'exercent, en ce moment, qu'un attrait médiocre. On ne devra pas mettre trop bas le niveau des conditions d'admission ou de sortie pour les écoles normales. Et, si celles-ci ne fournissent pas un nombre suffisant de maîtres et de maîtresses, il ne faut pas s'interdire d'en prendre là où l'on pourrait en trouver de bons.

Le seul parti à prendre, c'est d'examiner en face pour quelles raisons tant de jeunes gens renoncent à se présenter aux écoles normales, et c'est de s'attaquer à ces raisons. Au lieu de créer aux écoles que nous voulons remplir un monopole légal, faisons en sorte qu'on envie le sort de ceux qui y entrent et qu'on les considère comme des privilégiés.

La question est à reprendre.

RAOUL ALLIER.

Écoles normales. — Tous les hommes que préoccupe l'avenir de l'enseignement primaire sont d'accord sur un point : il faut que le personnel de cet enseignement se recrute, avant tout, parmi les anciens élèves des écoles normales ; il faut que les écoles normales jouent enfin le rôle auquel le législateur les a destinées. Sur ce principe, on s'entend à merveille. Mais, une fois qu'on l'a proclamé, que faire ? La question pratique, comme toujours, est plus délicate. Elle n'est pourtant pas insoluble. Il y a lieu de rechercher et de corriger tout ce qui, contrairement à la logique, crée une infériorité pour les normaliens de l'instruction primaire.

Nous n'avons pas besoin de chercher loin. Pour trouver un exemple de ces privilèges à rebours, il n'y a qu'à lire la dernière loi de finances. L'article 17 en est ainsi conçu : « Peuvent seuls être admis dans les deux premières classes les maîtres et les maîtresses pourvus du brevet supérieur, exception faite toutefois pour ceux qui sont entrés en fonctions avant le 19 juillet 1889. » Théoriquement, rien n'est plus juste. En fait, et sans qu'on l'ait voulu, cet article établit une vexation injuste contre bon nombre des maîtres et des maîtresses qu'il importerait le plus d'encourager.

Ceux qui ont rédigé et voté cet article ont oublié que les instituteurs et les institutrices de nos écoles laïques proviennent d'une double origine. Il y a ceux qui se sont formés dans les écoles normales, qui ont peiné pour entrer dans ces établissements, qui y ont fait des études supplémentaires. Il y a ceux qui n'ont pas songé à s'y présenter ou qui, s'y présentant, ont eu la bonne chance d'échouer; c'est la foule de ceux qui se sont préparés à leur fonction on ne sait où ni sous quelles influences. Le budget favorise tout spécialement ces derniers. Peut-on rêver une anomalie plus dangereuse ?

Voici d'abord la situation que doivent à cet article de loi bien des maîtres jugés excellents par l'administration. L'un d'eux l'exposait naguère dans une lettre que je trouve dans le *Manuel général de l'instruction primaire :*

« Je suis sorti de l'école normale en 1890, et j'ai échoué au brevet supérieur après avoir été déclaré admissible. Depuis treize ans, j'ai fait tout le possible pour réussir, et je crois bien que j'ai réussi. Mon école est prospère; je suis très bien vu dans ma commune. Aucune des œuvres nouvelles ne m'a trouvé indifférent. Je dirige une société chorale, je fais des cours d'adultes, j'ai organisé des matinées littéraires, je fais des conférences avec projections lumineuses. Eh bien ! malgré tous mes services, en dépit des lettres et des témoignages de satisfaction qui m'ont été adressés, bien que je sois marié et père de deux enfants, je ne puis compter m'élever au-dessus de la troisième classe. J'y arriverai sans doute dans quatre ou cinq ans. Mais, de trente-huit à soixante ans, je resterai à 1.500 francs, et c'est sur cette maigre prébende que sera calculée ma retraite. »

Remarquez que, de l'avis de tous, le brevet supérieur, qui ne sert souvent qu'à mettre en lumière les jeunes gens doués d'une heureuse mémoire, est un criterium fort médiocre des qualités qu'il faut à un bon maître. La preuve en est qu'on a créé un certificat d'aptitude pédagogique, qu'il faut conquérir pour être titularisé. Cette création a constitué un aveu qui n'est pas à la louange du brevet supérieur. Puis, avec une logique admirable, on a décidé que ce brevet, sévèrement jugé, aurait une influence perpétuelle sur la carrière d'un homme ou d'une femme.

Mais il y a plus et mieux encore. Reprenons le cas de l'instituteur dont on vient de lire une lettre. Supposons qu'il n'ait pas eu l'idée — malencontreuse pour lui — d'entrer à l'école normale. En cherchant bien, il aurait sans doute trouvé quelqu'un pour lui donner ce qu'on appelle un « coup de piston ». Et, sans posséder son brevet supérieur, il aurait pu « être en fonctions » avant l'époque fatidique du 19 juillet 1889. Dès lors il pourrait avoir aujourd'hui toutes les espérances d'avancement qui, de par la loi, lui sont interdites.

Or, cette hypothèse n'en est pas une. Depuis longtemps, l'opinion s'est établie que, pour entrer dans l'enseignement primaire, il est absolument superflu de passer par les écoles normales. Beaucoup de jeunes gens estiment qu'il n'y a là qu'un supplément inutile de fatigue et que, sans se l'imposer, on peut fréquemment passer sur le dos des camarades qui s'y résignent. Le cas que je viens de rapporter ne prouve-t-il pas que ce « préjugé » est assez fondé.

Dans un autre journal pédagogique, *l'École nouvelle*, j'ai noté, sur ce sujet, un calcul intéressant. Pendant dix-sept ans au minimum, de trente-huit à cinquante-cinq ans, les anciens élèves des écoles normales non munis du brevet supérieur n'auront pas ce précieux stimulant qu'est l'attente d'une modeste augmentation de traitement. Pendant ce temps, d'autres maîtres, du même âge qu'eux, mais refusés à l'école normale, pourront arriver à 2.000 francs (mettons 1.800 francs, pour tous.) En d'autres termes, les premiers auront gagné, à cinquante-cinq ans, 5.100 francs de moins que les autres. Or ceux-là ce sont les anciens élèves de l'établissement d'État. Voilà comment on les protège contre la concurrence de ceux qui se sont préparés au petit bonheur et souvent chez l'adversaire.

Franchement, nous est-il loisible de nous étonner de ce qui, de tous côtés, nous est révélé ? Un instituteur écrit à propos des anciens normaliens qui sont ainsi traités par la loi de finances : « Certains *peut-être* déserteront. Savez-vous que l'enseignement libre les recherche dès maintenant, parce qu'ils sont munis du certificat d'aptitude pédagogique, et que la situation que la République leur refuse d'un trait de plume leur est offerte par ses pires ennemis ? Beaucoup se laisseront tenter parce qu'ils ont des charges de famille, parce qu'on les classe dans les inférieurs, etc. » Ce n'est pas ce résultat que le Parlement croyait atteindre par une mesure d'apparence très juste.

Une mesure qui aboutit à de si fâcheuses conséquences doit être corrigée. Elle pourrait l'être sans trop de difficulté. On sait que l'on compte pour l'avancement les années passées à l'école normale à partir de dix-huit ans. Il serait naturel d'en tenir compte, également, pour l'accession aux classes supérieures. Et l'on serait en droit d'assimiler aux instituteurs et aux institutrices en fonctions au 19 juillet 1889 les normaliens et les normaliennes alors âgés d'au moins dix-huit ans.

Cette correction serait heureuse. Mais ce ne serait qu'une correction de détail. Il y a autre chose à faire. C'est de reviser le système des examens que l'on exige des candidats à l'enseignement public. C'est, en particulier, de supprimer, pour les élèves des écoles normales, la nécessité de ce brevet supérieur qui a une influence néfaste sur le recrutement de ces écoles et qui ne renseigne en rien l'inspection académique sur la valeur des élèves de ces écoles. La question est d'importance. Il faudra la traiter à fond.

RAOUL ALLIER.

Question scolaire ou question sociale ? — J'ai été heureux de laisser la parole à mon collègue et ami Raoul Allier pour traiter la question des écoles normales. Il la connaît mieux que personne. C'est un des rares publicistes qui aient entrepris d'en révéler l'importance au grand public.

Il conclut ses articles par un mot significatif. Nous sommes là, dit-il, en présence d'une « réforme profonde ». Je suis de son avis, peut-être plus que lui-même.

Ne médisons pas des réformes partielles et superficielles : elles ont leur utilité. Mais si judicieuses que soient les solutions de détail qui nous sont suggérées d'abord par M. Allier, ensuite par divers correspondants — dont nous voudrions pouvoir résumer les communications en raison même de leur précision technique — il faut bien en convenir, ce ne sont là qu'expédients et palliatifs. Augmenter les crédits de l'Ecole normale, relever les traitements du personnel, régénérer l'école annexe, supprimer une foule de vieux errements qui rendent l'internat odieux ou maussade, aller même, suivant le vœu de beaucoup de directrices, sinon de directeurs, jusqu'à supprimer l'internat, tout cela peut se faire sans atteindre le fond de la question, et il faudra bien y venir tôt ou tard.

La vraie question se pose en termes plus généraux. Elle est beaucoup moins scolaire que sociale.

Depuis l'avènement de la République et par cette marche insensible des choses que personne ne règle et que personne n'enraie, la fonction de l'école dans la nation, surtout de l'école primaire, a changé du tout au tout. Mais comme on a gardé, peu s'en faut, les noms anciens et les anciens cadres, le gros du public ne s'est pas aperçu d'abord ni de la transformation de l'institution ni de celle qui allait suivre dans la situation du personnel enseignant.

Si notre bourgeoisie avait le sens de l'observation un peu plus aiguisé, elle aurait aisément prévu ce résultat. L'école primaire devenant un des rouages principaux de la démocratie, une des pièces maîtresses du grand mécanisme de la vie nationale, comment s'imaginer que l'instituteur allait rester ce qu'il était au temps où la pauvre petite école passait presque pour une œuvre de bienfaisance due à la philanthropie éclairée des classes dirigeantes ?

Tout ce qu'y ont vu les « malins » de la politique bourgeoise, les grands ironistes, par exemple, du *Journal des Débats*, c'est que l'instituteur allait se faire payer davantage, les députés ne pouvant guère résister à un personnage si important en temps d'élections. Sans doute, c'est le premier signe extérieur de la révolution qui s'est faite, le seul même que certains yeux sachent discerner.

Mais que d'autres changements doivent accompagner celui-là !

L'école, outil social de si grande portée et de maniement si délicat, peut-elle, comme jadis, être confiée au premier venu ? Il eût bien étonné nos pères, celui qui aurait prétendu que, pour faire un bon maître d'école de village, il fallait autre chose qu'un abécédaire, une plume d'oie et une férule ; tout au plus exigeait-on par surcroît une belle voix pour chanter au lutrin. Plus près de nous, quand Guizot (et ce n'est pas son moindre titre de gloire) fonda les écoles normales primaires, on fut unanime à vouloir les placer loin de la ville, à y établir un régime austère et mesquin, à prendre des précautions contre le danger « d'une instruction trop haute et d'habitudes trop raffinées » : on tenait à entretenir les instituteurs dans un état d'esprit qui leur rappellerait sans cesse l'humilité de leur condition, leur rôle subalterne, la soumission due à l'Eglise et la résignation à avoir tout juste du pain pour eux et leur famille ; on se croyait très sage en nourrissant chez eux à dessein, pour tout esprit de corps professionnel, l'orgueil naïf de leurs petits talents de praticiens du calcul et de l'orthographe, excellent dérivatif, pensait-on, à d'autres ambitions plus « inquiétantes pour l'ordre social ». Rappelez-vous les pages célèbres du rapport de Jouffroy à l'Institut, en 1838.

De tout ce savant échafaudage de mesures « conservatrices » que reste-t-il ? Beaucoup de vestiges, mais qui font sourire, tant ils jurent avec l'ensemble du système orienté aujourd'hui en sens contraire. Sans doute, il reste de nombreuses traces de l'ancien régime dans notre réglementation scolaire, notamment dans celle des écoles normales. Mais, quoi ? nous n'en sommes pas moins arrivés à voir l'enseignement primaire pénétré jusqu'aux moelles de cet esprit républicain, démocratique et social qui faisait l'effroi, réel ou feint, des hommes de 1850, de ceux qui ont voté la loi Falloux pour avoir raison du « socialisme des maîtres d'école ». Nous n'en sommes pas moins arrivés à voir constituée d'un bout de la France à l'autre cette organisation des amicales d'instituteurs qui, il y a quinze ans, paraissait encore à de très bons esprits une intolérable imitation des syndicats.

Quand un pays en est venu là, il ne peut plus envisager les questions de l'instruction populaire des mêmes yeux qu'autrefois. Ce n'est plus pour lui une affaire de second ordre de savoir au juste non seulement comment sera rétribuée, mais aussi et surtout comment sera recrutée, préparée, exercée, tenue en haleine cette grande milice nationale chargée de la guerre à l'ignorance. Il sent la nécessité de former un corps enseignant en rapport avec la fonction qui lui est désormais assignée. Et de là vient que ceux même qui ne sont nullement des spécialistes de la pédagogie ont vaguement l'intuition de ce qui se cache sous ce mot de M. Allier : « Réforme profonde ».

C'est une réforme dont il ne serait pas raisonnable de prétendre tracer le plan en quelques mots. Il y a du moins deux mesures qui la caractériseraient, deux mesures radicales, j'aurais dit « révolutionnaires », si tant de gens ne prenaient encore le mot à contre-sens, confondant la révolution avec l'émeute et le mouvement révolutionnaire avec une suite de secousses violentes.

La première sera de renoncer résolument pour l'école normale au type Guizot, même amendé et humanisé par Jules Ferry. C'est d'en faire une véritable école professionnelle de pédagogie pratique, une école d'apprentissage du métier d'éducateur, école gratuitement, mais obligatoirement ouverte à quiconque prétendra instruire les enfants de la nation, école qui, par là même, sera un peu moins et beaucoup plus que l'école normale actuelle : moins, parce qu'elle ne se chargera plus de faire double emploi avec le lycée, le collège ou l'école primaire supérieure pour donner à ses élèves toutes les connaissances générales qu'ils auront acquises dans de bien meilleures conditions avec le reste de la jeunesse française ; mais plus aussi, parce qu'au lieu d'être un internat à l'usage d'un nombre infime. d) jeunes gens elle s'ouvrira à tous ceux qui veulent apprendre à enseigner, sans leur demander d'autre justification que celle de bonnes études.

Et la seconde mesure, conséquence de la première, consistera à supprimer une institution qui pèse lourdement sur la vie scolaire de la France. Par une confusion dont il serait intéressant de faire l'historique, notre démocratie, dupe d'une fausse analogie, a peu à peu étendu à tout le régime des études secondaires et même, aujourd'hui, des études primaires le système qui donne tout au concours, après examen public. Ce système, le seul possible dans une démocratie pour tous les emplois publics et pour tous les titres accessibles à l'universalité des candidats, on l'a étendu abusivement à l'enseignement à tous ses degrés. De là l'énorme et monstrueuse végétation des parchemins de toute dimension depuis le baccalauréat jusqu'au certificat d'études primaires.

Aussi longtemps qu'elle durera, cette institution sera par la force des choses la véritable régulatrice — souvent la régulatrice à rebours — des études dans tous les établissements et dans presque toutes les familles.

Il y a là une grosse et naïve méprise de la démocratie, un premier mouvement inspiré par le souci de l'équité et par la conviction, d'ailleurs très juste, que la publicité est la meilleure des garanties. L'erreur est de traiter tous les petits Français dès les bancs de l'école comme des candidats et des concurrents dont le sort dépend — ils le croient du moins, et c'est là le mal — du hasard d'une journée, de la chance d'une question ou d'une impression plus ou moins favorable de l'examinateur.

Voilà les deux formes de la grande erreur scolaire dont la France commence à se rendre compte. Et voilà les deux traits de la « réforme profonde » qu'entrevoit M. Allier.

Vous voulez être instituteurs et institutrices, offrir un jour vos services soit à l'Etat, soit aux familles ? Très bien. Faites les études nécessaires à un homme, à une femme de culture moyenne. De l'établissement d'enseignement primaire ou secondaire où vous avez passé l'enfance et la première adolescence, vous sortez avec un simple certificat de scolarité résumant votre vie d'écolier, attestant ce que vous avez fait, ce que vous avez appris.

Vous vous présentez à l'école normale ou de quelque nom

qu'on appelle l'établissement national destiné à former des maîtres. Là, on s'assure que vous êtes en état de suivre utilement les cours, les leçons, les lectures, les exercices pratiques. Que cet apprentissage dure un an, dix-huit mois, deux ans ou plus, là n'est pas la question. Cette préparation faite, vous emportez une attestation d'apprentissage pédagogique avec des variétés de formes et de mentions dont nous n'avons pas à discuter ici le détail. Et vous entrez dans la carrière pour y faire votre stage et conquérir, avec le certificat d'aptitude pédagogique, le rang de titulaire ; après quoi, le reste dépend de vous.

Telle est la marche naturelle et régulière du recrutement pour une carrière dont on veut écarter, autant que possible, l'influence du hasard, du caprice ou du favoritisme.

Sommes-nous mûrs en France pour cette transformation ? Bien des gens se récrieront à qui il semble impossible de se représenter une France sans baccalauréats, sans brevets de capacité et sans certificats d'études primaires. Bornons-nous à leur rappeler que tous ces diplômes sont d'institution bien récente, que le baccalauréat comme diplôme d'usage général était inconnu il y a cent ans, que le brevet simple était une rareté avant Guizot, et le brevet supérieur avant Duruy, et que le certificat d'études primaires était à peine connu il y a trente ans.

Il serait de la plus inepte ingratitude de nous plaindre que tous les diplômes aient pullulé : ils donnent la preuve et même la mesure de l'élan imprimé à l'instruction nationale. Mais, aujourd'hui que cet élan ne risque plus de s'arrêter, il est permis de chercher pour le soutenir et le diriger des instruments plus perfectionnés qui conservent tout l'avantage de ceux-ci et n'en aient pas les inconvénients.

A mesure que la nation attache plus de prix à l'instruction, et notamment à la diffusion de l'instruction, elle devient plus exigeante : elle veut un rendement supérieur, elle supporte moins de déchet, elle tient moins aux artifices enfantins qui ont servi plus ou moins longtemps à stimuler élèves, maîtres et parents, elle tient davantage aux résultats réels qui se traduisent à une plus-value effective dans la moyenne de culture nationale.

Je ne parle, bien entendu, que du principe et d'une manière toute schématique. On discutera plus tard les propositions de mise en œuvre. Mais, en attendant, oui, mon cher Allier, vous aviez raison. Le pays commence à s'en douter, et le directeur du *Siècle*, dans le dernier chapitre de son beau livre, le démontre avec la précision, la netteté, j'oserai dire la rude franchise d'un savant et d'un républicain : l'heure n'est pas loin où il faudra songer à la « réforme profonde »,

F. Buisson.

Un diplôme à supprimer. — M. Ferdinand Buisson a préparé admirablement — quoiqu'en des termes trop élogieux pour moi — ce que je me proposais d'écrire aujourd'hui. Mais il a donné à la question traitée dans ces colonnes une ampleur qui a peut-être surpris quelques personnes. Cela n'est pas pour me déplaire. Oui, je rêve une « réforme profonde » pour les écoles normales. A dire vrai, je ne la rêve pas seulement pour ces écoles. Pour être pratique, pour essayer d'obtenir quelque résultat, je n'ai parlé que des instituteurs et des institutrices. En réalité, je pense à une transformation de notre système d'examens qui atteindrait tous les Français.

Dans l'espèce, je demande qu'un jeune homme (ou une jeune fille), après s'être préparé dans une école normale aux fonctions de l'enseignement primaire, ne soit pas obligé, pour avoir un avancement satisfaisant, de se présenter au brevet supérieur. Je demande que, pour les normaliens et normaliennes, ce bouton de mandarin soit absolument inutile, qu'il ne donne droit à aucun privilège, qu'il ne soit récompensé d'aucune prime.

Mais, si l'on va jusqu'au fond des choses, cette réclamation n'est pas inspirée uniquement par des raisons techniques qui me paraissent décisives. Elle tient à tout un ensemble de principes généraux. Ce n'est pas seulement pour les futurs maîtres de nos écoles que je trouve absurde l'exigence du brevet supérieur. Cette exigence n'est bonne pour personne. Ce brevet est comme le baccalauréat. Il faut que, tôt ou tard, il disparaisse. Je souhaite que ce soit bientôt.

Mais, cela dit, on entend le concert inévitable. On crie au mauvais égalitarisme. On dénonce cette « envie démocratique » qui fait demander la suppression des parchemins parce que tout le monde ne peut pas les conquérir. Pour un peu, l'on prétendrait que ceux qui ne sont pas satisfaits par notre système d'examens à la chinoise poursuivent la fin des études elles-mêmes et la communion des hommes dans l'universelle ignorance... Et l'on se figure avoir réfuté une opinion que l'on n'a pas comprise, que l'on n'a même pas entrevue.

Si j'ai bien saisi l'article de M. Buisson, nous sommes d'accord sur tous ces points. La réforme radicale de nos examens — il a raison — sera grosse comme une réforme sociale. C'est pour cela que je n'ai pas demandé tant de choses à la fois. Il y a des transformations que l'on n'obtient que peu à peu. Un détail obtenu rend plus facile la conquête d'un autre détail. L'essentiel est de savoir dans quelle direction l'on marche et veut marcher. La réforme pratique, immédiate, que je désire pour les écoles normales est facile à réaliser. Elle ne rencontrerait pas les objections de principe qu'une idée plus ambitieuse soulèverait. Elle aurait des chances de n'être point retardée par d'interminables discussions. Réalisée, elle aiderait sans doute, un jour, à comprendre une autre réforme. Et celle-ci, à son tour, faciliterait la suivante.

Je reviens donc aux écoles normales. Pourquoi veut-on que leurs élèves passent leur temps à travailler en vue du brevet supérieur ? Quel rapport y a-t-il entre le programme de cet examen et les fonctions spéciales qu'ils auront à remplir ? Ne risque-t-on pas de faire dévier l'institution elle-même et de transformer à la longue des établissements pédagogiques en des maisons où l'on s'efforce, par une culture intensive, de conquérir un parchemin de luxe ? D'un succès qui prouve simplement qu'un jeune homme a été un bon élève, pourquoi déduit-on qu'il sera un bon maître ?

Il y a là une belle inutilité. La loi de finances en a fait un danger très sérieux. Elle réserve toutes les promesses d'avancement à ceux qui possèdent ce diplôme. Naturellement, normaliens et normaliennes sont préoccupés, au plus haut degré, de s'assurer ce viatique. Le programme de l'examen devient pour eux le gros intérêt. En dépit de tout, la préparation pédagogique tend à passer au second plan. Ferons-nous un grief à ces jeunes gens de songer à leur avenir ? Que celui qui ne songe pas à son propre avenir leur jette la pierre.

Disons les choses comme elles sont. Pour tous ces examens qui se passent devant un jury, on ne se contente pas seulement de « piocher » le programme : on a grand souci de la façon dont ce jury lui-même comprend le programme. C'est la vérité pour tous les établissements où l'on prépare au brevet supérieur. En dépit du corps enseignant, qui est une élite, cela devient peu à peu la vérité pour les écoles normales elles-mêmes. Que penserait-on d'elles si, donnant l'essentiel de leurs soins à la préparation pédagogique, elles récoltaient trop d'échecs pour leurs élèves ? Et c'est alors que les élèves les déserteraient avec un entrain renouvelé.

Ce n'est point là une idée en l'air que j'exprime. Un des plus distingués inspecteurs généraux de l'enseignement primaire, M. Th. Leblanc, apportait son témoignage sur ce point, il y a quelques mois, dans le *Manuel général*. Il disait : « Bien des points du programme des écoles normales sont traités selon les exigences ou la manière de voir de l'examinateur au brevet supérieur, et non dans l'esprit des instructions officielles, données sous forme de directions pédagogiques. On a beaucoup discuté sur ce sujet, mais l'avis à peu près unanime, c'est que le régulateur des études d'une école normale est établi conformément aux exigences de la commission d'examen siégeant au chef-lieu. »

Il ne faudrait pas me faire dire ce qui est aussi loin que possible de ma pensée. Les écoles normales ne sont pas devenues, pour le brevet supérieur, ce que sont, dans un autre ordre, les « fours à bachot ». Elles ne tendent pas à devenir ces serres chaudes. Sans être parfaites, elles font consciencieusement leur œuvre propre. Elles ont d'autres préoccupations que celle de l'examen. Mais je maintiens qu'il est dangereux de rendre cette préoccupation trop obsédante, et j'affirme qu'on arrive forcément à ce résultat en réservant tous les privilèges aux heureux possesseurs de ce brevet.

La vérité, c'est qu'il faut avant tout fortifier les études à l'intérieur même de l'école normale ; c'est qu'il faut conférer un caractère toujours plus sérieux aux examens de passage ; c'est qu'il faut pouvoir considérer comme une très bonne note le passage autorisé de la première à la seconde année, et surtout de la seconde à la troisième ; c'est qu'un examen final doit ensuite remplacer celui du brevet supérieur. Ce certificat d'études normales vaudrait infiniment plus pour les instituteurs que le diplôme aujourd'hui exigé. Il faudrait y ajouter, pour être titularisé, le certificat d'aptitude pédagogique.

Cette réforme serait d'apparence un peu technique. J'ai quelque idée qu'elle contiendrait en germe des conséquences assez graves. M. Buisson n'est-il pas de cet avis ?

RAOUL ALLIER.

MÉTHODE D'ÉCRITURE. — AVIS AUX INSTITUTEURS.

L'excellente méthode d'écriture de MM. A. Surier, inspecteur primaire à Bourges, et G. Duret, directeur d'école à Foëcy (Cher), est digne d'être spécialement recommandée au personnel de l'enseignement primaire. (Librairie Le Soudier, 174, boulevard Saint-Germain, Paris.)

La plupart des journaux pédagogiques et plusieurs bulletins départementaux d'instruction primaire ont consacré à cette méthode des articles fort élogieux et ont fait ressortir les avantages incontestables qu'elle présente sur les méthodes similaires. Elle comprend trois livrets et trois cahiers adaptés.

Elle permet d'enseigner simultanément aux débutants *l'écriture, la lecture* et *l'orthographe* ; elle devient ensuite une méthode spéciale d'écriture pour tous les genres et pour toutes les grosseurs. L'élève est conduit rationnellement depuis les premiers essais (bâtons et jambages) jusqu'aux signes les plus compliqués : cursive droite, ronde, bâtarde, gothique, etc.

Chaque lettre est étudiée avec un soin tout particulier, et tous les exercices sont accompagnés des *procédés d'exécution*. Le maître peut donc faire au tableau noir une vraie leçon d'écriture, leçon collective et partant profitable. Mais il ne se sert du tableau noir que comme d'un *instrument de démonstration*, pour exposer, au début de la leçon, les principes qu'il s'agit d'étudier et que *tous* les élèves d'un ou de plusieurs cours doivent appliquer *en même temps*. L'exposé de la leçon étant fini, le rôle de l'instituteur ne consiste plus qu'à s'assurer, en passant dans les rangs, que les élèves tiennent compte des indications données et que les carnets restent placés le plus près possible de la ligne à écrire.

LYCÉE DE JEUNES FILLES DE NANCY.
AVIS AUX FAMILLES.

Le Lycée de jeunes filles de Nancy, de création toute récente, offre aux familles toutes les garanties désirables sous le rapport de l'installation matérielle, de l'instruction et de l'éducation. L'air, la lumière, l'espace, rien ne fait défaut. Non seulement les jeunes filles y reçoivent un enseignement solide, mais leur éducation morale y est l'objet d'une préoccupation constante et même dominante.

Le régime du Lycée étant l'externat, une Société privée s'est constituée dans le but d'en compléter l'organisation par la création d'un pensionnat dit pensionnat du parc de Santifontaine.

Ce pensionnat, dirigé par Mᵐᵉ Billaud, constitue une véritable annexe du Lycée Jeanne-d'Arc, avec lequel il est d'ailleurs en parfaite harmonie, tant au point de vue de l'installation matérielle et du régime intérieur, qu'au point de vue de l'esprit qui y règne. Son admirable situation en rend le séjour agréable. Il occupe un vaste terrain planté d'arbres, situé sur le versant méridional du coteau qui relie Nancy au plateau de Haye; il n'est entouré que de jardins et de vergers et il a pour horizon les gracieuses collines de Villers, de Maréville avec les bois qui les couronnent.

L'air et la lumière y pénètrent largement; tout ce qui peut favoriser la joyeuse expansion de la jeunesse et consoler de l'éloignement de la famille s'y trouve réuni; aucun luxe, assurément, mais toutes les commodités et tout l'agrément que l'on peut souhaiter de rencontrer : vastes dortoirs s'ouvrant à la fois au nord et au midi, partagés par des cloisons basses et des rideaux en logettes où chaque enfant se sent chez elle; salle de bains, infirmerie et chambre d'isolement ; calorifère à vapeur permettant d'établir en hiver, pour toute la maison, une température égale et régulière ; vérandah sur toute la façade qui sert de promenoir pendant les jours froids ou pluvieux, larges pelouses avec jeux de tennis et de croquet ; rien n'a été omis de tout ce qu'exigent actuellement le confort et l'hygiène.

Les pensionnaires suivent les cours du Lycée Jeanne-d'Arc.

Cependant les maîtresses de l'internat ne se désintéressent pas de leurs travaux ; elles font préparer les leçons et les devoirs qui doivent être faits en dehors des classes ; elles s'imposent même la tâche d'initier les jeunes filles à la direction d'une maison, en leur donnant des notions pratiques d'économie domestique, de repassage, etc.

En résumé, une heureuse situation, une installation des plus confortables, l'observation rigoureuse des règles d'une bonne hygiène, les soins tout maternels prodigués aux pensionnaires font du pensionnat de Santifontaine un établissement de premier ordre.

Les familles désireuses d'avoir de plus amples renseignements (prix de la pension, trousseau, etc.), devront s'adresser à Mme Billaud, 15, rue de l'Atrie, à Nancy.

PENSÉES ET OPINIONS

Nos jeunes gens savent que, s'ils ont reçu la science, ce n'est pas seulement pour eux-mêmes, comme un bien particulier. Ils la tiennent comme un dépôt dont ils doivent rendre compte à tous ceux qui sont moins favorisés, à tous ceux qui demandent plus de liberté, plus de justice, plus de fraternité.

Léon Bourgeois.

La qualité maitresse de l'éducation, c'est le don de soi.

Léon Bourgeois.

Les adversaires de l'instruction populaire sont les derniers partisans de l'esclavage.

Gabriel Séailles.

Dans l'estime méritée, nous trouvons à la fois une récompense à nos bonnes actions et un encouragement à en faire d'autres.

H. Marion.

Il n'y a de progrès véritable que le progrès dans la justice et dans l'amour.

Gabriel Séailles.

L'estime des hommes se mesure par les difficultés surmontées.

VOLTAIRE.

Une grande âme est au dessus de l'injure, de l'injustice et de la douleur.

LA BRUYÈRE.

Tout homme persuadé persuade ; pour arracher des pleurs, il faut pleurer.

VICTOR HUGO.

Rien ne nous rend si grands qu'une grande douleur.

A. DE MUSSET.

Tu as supporté des injures, console-toi, le vrai malheur est d'en dire.

DÉMOCRITE.

Pour n'oublier jamais quelle est votre responsabilité, n'oubliez jamais quelle est votre influence.

VICTOR HUGO.

Il est des naturels négatifs, des caractères désossés, dont la bonté consiste à ménager tout le monde pour être ménagés, à n'avoir aucune conviction, de peur de heurter contre une conviction contraire, à ne jamais s'entremettre pour la justice, de peur de recevoir, comme dit M. Jourdain, quelque coup qui fait mal, à laisser, selon le conseil d'un héros de Rabelais, le monde aller comme il veut aller, et à dire toujours du bien de M. le prieur.

ALEXANDRE VINET.

La *Vérité*, c'est toute ma force.   PASCAL.

La vérité, comme la lumière, est inaltérable, immortelle.

BERNARDIN DE SAINT-PIERRE.

Lutter avec les forces physiques de la nature n'est rien auprès de ce qu'il faut dépenser d'énergie pour lutter contre l'ignorance qui se dérobe et la conscience obscure qui ne veut pas de lumière. On a plus vite fini de détourner le cours d'un fleuve que de faire comprendre la vérité à quiconque trouve son profit à l'ignorer.

Mme HENRY GRÉVILLE.

La vérité est la mère de la vertu, fille du temps et reine du monde.

GUIZOT.

Le temps use l'erreur et polit la vérité.

L. VEUILLOT.

La vérité n'a jamais besoin de l'erreur et les ombres n'ajoutent rien à la lumière.

LAMARTINE.

Il y a une sorte de blasphème dans cette phrase proverbiale : « C'est trop beau pour être vrai. » L'inspiration la plus élevée de l'âme humaine, la plus pure et la plus noble, est celle qui s'approche le plus de la vérité.

GEORGE ELIOT.

Longtemps encore les applaudissements et la faveur du public seront pour le faux. Mais le vrai a une grande force, quand il est libre ; le vrai dure ; le faux change sans cesse et tombe. C'est ainsi qu'il se fait que le vrai, quoique n'étant compris que d'un très petit nombre, surnage toujours et finit par l'emporter.

RENAN. *(Souvenir d'enfance et de jeunesse. — Préface.)*

Il y a une si grande puissance d'attrait dans la vérité, il y a une satisfaction de conscience si noble et si pure à défendre sa cause, que toutes les joies du monde n'ont rien de comparable à cette joie-là.

ODILON BARROT.

Les peuples libres même peuvent se tromper ; mais ils peuvent aussi s'éclairer et reconnaître leur erreur.

BERRYER.

Malheur à celui... qui adopte cette sentence pharisienne : « Mieux vaut la mort d'un homme que la ruine de tout un peuple ; » car, quand la justice disparaît, il n'y a plus rien qui puisse donner une valeur à la vie des hommes sur la terre.

KANT.

Celui-là meurt avec gloire qui meurt en combattant pour la justice.

MAXIME TURQUE.

Pour soi, l'on réclame hautement la justice, on l'oublie complètement à l'égard des autres.

Politique D'ARISTOTE.

Quelle cuirasse plus forte qu'un cœur sans tache! Il est trois fois armé, celui dont la cause est juste, et trois fois nu, fût-il bardé d'acier, celui dont la conscience est corrompue par l'injustice.

SHAKESPEARE.

C'est alors qu'on trouva, pour sortir d'embarras,
L'art de mentir tout haut ou disant vrai tout bas.

BOILEAU (satire XII).

Napoléon se plaît à rappeler qu'un de ses oncles, dès son enfance, lui a prédit qu'il gouvernerait le monde parce qu'il avait coutume de *mentir toujours.*

TAINE. (*Napoléon Bonaparte*, p. 63.)

Plusieurs personnes, qu'on appelle en France *dévotes*, dirent hautement qu'il valait mieux laisser rouer un vieux calviniste innocent, que d'exposer huit conseillers de Languedoc à convenir qu'ils s'étaient trompés; on se servit même de cette expression : « Il y a plus de magistrats que de Calas »; et on inférait de là que la famille de Calas devait être *immolée à l'honneur* de la magistrature. On ne songeait pas que l'honneur des juges consiste, comme celui des autres hommes, à réparer leurs fautes.

(VOLTAIRE, Hist. abrégée de la mort de Jean Calas.)

La justice est absolue, elle est inexorable; il n'y a pas avec elle d'accommodement. Tout ce qu'elle ordonne doit être accompli sur l'heure et loyalement, sans hypocrisie, sans arrière-pensée, parce que cela est juste, et non pas parce que cela est profitable ou glorieux. Les règles de la justice ne sont pas comme les règles de la tactique militaire ou comme les préceptes de l'art poétique, dont le génie s'affranchit. Elles ont été écrites par la main de Dieu même; et quiconque les enfreint, viole la loi de Dieu et profane en lui-même le plus sacré caractère de l'humanité. S'il y a des exceptions à la justice, la justice n'est plus la justice. S'il y a deux morales, il n'y a plus de morale.

JULES SIMON.

TABLE DES MATIÈRES

CHAUMONT. — TYPOGRAPHIE ET LITHOGRAPHIE CAVANIOL.